帝国经济风暴
大清帝国最后 70 年

张昕冉 著

浙江人民出版社

图书在版编目（CIP）数据

帝国经济风暴：大清帝国最后 70 年 / 张昕冉著． —
杭州：浙江人民出版社，2021.9
ISBN 978-7-213-10184-7

Ⅰ. ①帝… Ⅱ. ①张… Ⅲ. ①中国经济史－研究－
清后期 Ⅳ. ① F129.52

中国版本图书馆 CIP 数据核字（2021）第 115708 号

帝国经济风暴：大清帝国最后 70 年

张昕冉 著

出版发行：浙江人民出版社（杭州市体育场路347号 邮编 310006）
市场部电话：（0571）85061682 85176516
责任编辑：方 程 李 楠
营销编辑：陈雯怡 赵 娜 陈芊如
责任校对：戴文英
责任印务：刘彭年
封面设计：异一设计
电脑制版：北京弘文励志文化传播有限公司
印 刷：杭州丰源印刷有限公司
开 本：710毫米×1000毫米 1/16 印 张：13
字 数：158千字 插 页：4
版 次：2021年9月第1版 印 次：2021年9月第1次印刷
书 号：ISBN 978-7-213-10184-7
定 价：68.00元

一个沉思着的民族往往要比兴奋中的民族更有力量。历史学应当提供这种力量。

——茅海建

序 言

寻找晚清衰败中的财政原因

我记得，历史学者王树槐在《清末民初江苏省的财政》中曾讲道："财政为行政之母，财政不健全，行政则无从发挥其功能。近代政治革新、社会福利措施、经济发展，无不以财政之健全与否为成败之关键：一在办事非钱莫行，一在筹款必有良方。近代中国政治、经济之失败，原因固多，而财政尤为其重要原因，清末如此，民初亦然。"

从这段话中，大家能看出，王树槐对财政之推崇备至。而我们将目光前推180年，观清末的70年之变革，可见其恰是这种财政收入的大转变之时。

有清一朝，财政收入以田赋为主，财政开支则以军饷为大头，两者几乎可以抵消。晚清之前，清廷收支大体平衡，通常略有结余。从户部存银看，乾隆朝后大体维持在常年在库六七千万两的规模，而嘉庆朝后急剧下降。到第一次鸦片战争爆发前，户部存银已不足乾隆时的三分之一。

从道光到咸丰年间，因为两次鸦片战争用度及其巨额赔款，还有太平天国等运动的兴起，清廷财政非但没有改善，反而因为内外交困陷入了彻底崩溃的局面。而令人无法想象的是，最终将清廷从内外交困的绝境中挽救出来的，竟然是厘金的横空出世。而厘金正是中国最早收取的商业税。同治初年，在厘金收入最高的时期，其所得甚至超过了清廷的年度财政收入。

估计大家已经猜到，为什么在我们的记忆中，清朝末期已然被外国打得千疮百孔，但仍旧能屹立不倒的真正原因其实就是财政收入的增加。

而后，到了光绪年间，随着社会秩序的逐步稳定，清廷财政收入竟再次恢复至七八千万两。但是，这一时期虽然历年有结余，但总额不大，在机动财力方面仍是捉襟见肘，十分缺乏。这一弱点，在甲午和庚子年的两次打击下立刻暴露无遗，之后的巨额赔款让清廷财政再次崩溃。

是的，清末财政的急剧扩张，很大程度上是因为突破了之前的"量入为出、永不加赋"的祖制。如学者王业键所云：晚清财政的最主要问题是，"传统的轻赋政策成了阻碍国家进步的痛苦根源"。换言之，近代中国之所以一再落败，其中的一个重大原因就是清廷在财政上固守祖制，没能以合理的方式集中国民财富迎接当时的国际竞争。而这种失败的集中体现就是，近代中国有钱赔款，却没钱发展军备和重要产业，最终落得次次挨打、处处被动的悲惨局面。这种错误的财政政策引发的恶果，和同时期的日本形成了鲜明的对比。

但也不可否认，近代中国的衰弱有很多原因，其中有产业和技术革新方面的，也有军事或制度、思想文化方面的。作为其中的重要一环，财政因素十分关键，而学界研究并不算多，这既有跨学科的原因，也和重视程度有关。张昕冉博士的这一作品，虽然只是通俗著作，但无疑开了个好头。同时，也希望能有更多的类似作品，为广大读者打开更多的历史窗口，获取更多的历史新知。

晚清民国史作家　金满楼

2021 年 8 月

前　言

19 世纪下半叶，注定要在人类历史上占据重要位置。在这个特殊的时代，传统与现代、保守与变革、封建与共和，种种思潮前所未有地交织在一起，人类创造出的工业产值超过以往工业产值总和，新的科学技术迅速涌现并在实践中应用。历史上从未有任何一个时代能诞生这么多闻名世界的人物，也从未有任何一个时期集中出现如此丰富的人类智慧成果，推动历史的车轮向着现代滚滚前进。

一个终年生活在中国内地的普通农民，与一个玻利维亚波托西银矿的工人之间会产生何种联系？一个广州十三行的茶叶行商，与英伦三岛上的金融资本家们又会出现怎样的纠葛？虽然相隔万里，彼此不相识，却有一条看不见的纽带将他们连接在一起。商品的交换、贸易的往来，将世界逐渐纳入一个整体之中，尽管当时极少有人意识到这一点，但世界历史就在这细微之处前行。

当欧洲人意识到地理上的东方已不再是"文明世界"的终点时，旧世界那种彼此封闭而隔绝的状态也一去不复返了。虽然往来交通仍然阻隔重重，但在经济利益的驱动下，一批又一批的商人与传教士源源不断地出现在通往东方的航道上，他们带给西方人精美的茶叶与丝绸，也带给他们关于远东的最新情报。西方人对远东的概念发生变迁，昔日《马可·波罗游记》中所描绘的那个东方国度的富饶与繁盛，被愚昧与野蛮等名词所取代。在资本主义世界市场形成的过程中，任何封建的、落后的生产方式都会被这一浪潮被彻底吞没，并为其进一步扩张提供广阔的原料与市场。

一个日渐衰颓的庞大帝国，与一个野心勃勃的新兴强权，在世界逐步联为一体的过程中，两者不可避免地碰撞在一起，由此开始了被深深烙印在中华民族记忆里的屈辱历史。鸦片——一种提取自美丽而妖艳之罂粟花的麻醉品，也脱离了其药物本质，最终变为人人唯恐避之不及的可怕毒品。

鸦片战争不仅是中国近代史的开端，也是中国近代财政危机的起始点。大清帝国的普通农民，祖祖辈辈在自己的一亩三分地上耕耘生活，对外界既无兴趣也无动力去了解。或许他们中的绝大多数并不知晓财政经济的内涵，为生计奔波，但他们却最能体会国家的荣辱兴衰所带来的后果。这是一副副鲜活而普通的面孔，也是一群被遗忘在历史角落的人。与那些闻名天下的大人物相比，历史的舞台很少给他们展现自己的机会。他们是躺在烟馆间吞云吐雾的大烟客，也是在席卷一切的可怕银荒中倾家荡产的普通农民；他们是路过厘卡被敲骨吸髓的普通行商，也是在晚清剧烈的政治变动中命运多舛的实业巨擘。他们是在灰暗的时代背景下映射出的一个个憔悴的影子，每个人都身不由己，宛若无根之萍，可谓时代之悲剧。

但这又是一个精彩的时代。晚清的政治舞台异彩纷呈，活跃着许多至今为我们耳熟能详的著名人物，他们或是中兴名臣、洋务干将，或是军阀、野心家……在晚清的政治舞台上，每个人都扮演着属于自己的重要角色。但对于今人来说，对历史人物的评判绝不能拘泥于忠奸之分、善恶之别，也就是说脸谱化地看待历史人物并不可取。如果回顾当时的财政经济状况，全面地看待这一切，或许就不难发现这些人物做出决策的动机。那时，亏空的国库、入不敷出的粮饷赋税、蜂拥而起的流民、蠢蠢欲动的封疆大吏以及四处横行的洋人，哪一个都让清政府焦头烂额。

这时，满是烂账的财政状况既是问题之因，也是问题之果。在全面危机下，任何一种激进的改革方案都不可能取得根本性成功，局部的小修小补也不能阻止整体性的财政系统崩溃。不知不觉间，帝国的根基被侵蚀殆尽，基层统治摇摇欲坠。面对内忧外患，人们往往会将希望寄托于明君良将。无奈无财则事事不可为，无政则事事不可决，任何雄心壮志都无法付诸实践，最终只能流于形式。

在这个"数千年未有之大变局"的时代，既有的统治秩序面临着巨大的挑战，"天朝上国"的体面在现实的压力面前被彻底击垮——作为一国之门户的海关竟常年把持在外国人手中，这对于任何一个独立国家来说都是不可容忍的。然而，这一状况竟能长期存在，晚清统治者甚至习以为常。当然，这与西方人所带来的更高效完备的海关运作体系是分不开的。敞开的大门让外国资本在华畅通无阻，"商战"的概念从此在中国知识分子的脑海中生根发芽。

新经济因素催生出新的阶级，传统的"士农工商"四民结构在时代变化的浪潮中逐渐瓦解，商人阶级作为一种新兴的政治力量登上历史舞台，并在晚清急剧变化的政局中发挥着重要作用。无论是力主"尊祖宗之法"的顽固守旧者都不得不承认，他们无力阻挡这种变革性力量，更无法改变封建统治秩序从根本上走向灭亡的现实。

那时，旧式金融机构的命运在新经济浪潮的冲击下岌岌可危，上海外滩林立的租界使馆与银行大楼更预示着中国金融业即将迎来巨大变革。唯独令人意想不到的是，银圆与铜圆竟然成为这场金融斗争的聚焦点。从开埠港口到内陆腹地，以货币为中心的变革一刻都未曾停歇，小小一枚银圆折射出的是近代中国金融事业的跌宕历程。

当轨道上传来蒸汽火车的轰鸣声时，任何顽固的障碍都难逃粉身碎骨的命运。铁路与机车不仅作为一种新兴的交通运输工具为人们带来财富与权力，更是在无形中冲破了人们脑海中固有的藩篱，让新式商业因素以铁道为中心迅速活跃起来。

在清王朝的末期，无论是洋务派还是维新派，抑或本国绅商与外国资本家，人人都意识到铁路延伸之处即经济利益所在。由于铁路外债的存在，路权与国之利权牢牢绑在一起，路权之争也随之上升到力争国权，激励着几代爱国者为之奋斗。清朝并非亡于外忧，而是崩于内患。铁路正如一条绵长的绞索，慢慢扼杀了庞大而臃肿的晚清王朝。在清政府将商民的信任消耗殆尽之时，民众终于抛弃了这个自己曾经竭力捍卫的政权，转向血与火的革命之路。

目　录

第一章
鸦片战争前的贸易危机
CHAPTER ONE

嘉庆二十五年（1820 年）八月，随着嘉庆帝的意外身故，年已 38 岁的爱新觉罗·旻宁在一众大臣的拥戴下，接过了这个古老而庞大的帝国。他改元道光，希冀中国走上光辉大道。然而短短 20 年后，就发生了鸦片战争，进而改变了整个中华民族的命运。这段历史是屈辱且不幸的，中国人在半殖民地半封建化的泥沼中挣扎了百余年。每每谈及此事，我们常常会将责任归咎于统治者的昏庸无能或民众的麻木无知。如同人们对传统历史人物的解读一样，国家强盛是因为有忠臣良将，内外一心；而社稷衰颓就必然是主昏臣奸，钩心斗角。尽管这种脸谱化的描述很容易帮助我们解构大时代的悲剧，但这样往往难以窥见其背后的根源。以道光皇帝为例，他不同于我们固有认识中昏君或暴君的形象，他曾经亲手击毙闯入宫中的白莲教徒，即位后也是出了名的节俭。后人评价称："嘉庆以后，武力不竞，纪纲败坏，教徒纷起，民不聊生。但仁宗之淳厚，宣宗之节俭，均有可称。"就是这样一位看起来关心民生、坚决反对浪费的统治者，却在中国跨入近代历史的这个重要节点上做出了种种昏庸之事，而民族英雄林则徐个人的不幸遭遇正折射出那个大时代背景下的风云变幻。

对一般读者而言，看待历史往往会以各种重大事件为中心，看各类英雄人物在历史的舞台上施展手段，似乎趣味无穷，可对更深层次的经济及金融货币政策的思索却毫无兴趣。清朝作为中国最后一个封建王朝，正是在吸取了历朝历代兴衰成败之教训的基础上，方能以几十万之众统治中国近300年。如果说统治是一门艺术，那清朝统治者的手段是非常高明的。另外，其财政管理体制也颇为完善，强大的中央集权带来了财政权力的集中，各项度支也有了系统的规定。清政府完全可以以财权为链，牢牢地锁住地方上不听话的大小势力，或是羁縻边疆上那些蠢蠢欲动的部族首领，并在此基础上维持军队对中央政权的忠诚，最终构筑起整个帝国稳固的根基。可一片欣欣向荣的背后，也隐藏着巨大的忧患，在"数千年未有之大变局"下，这套看似完备的财政体系竟以惊人的速度崩溃，并连带引发了整个政治体系的动荡与解体。

从今天的角度来看，简单地批判当时帝国主义列强对中国的经济掠夺并不足以说明问题。清朝分析了历代王朝覆灭的原因并进行了有针对性的调整，避免了很多问题，即使相对于其他惨遭帝国主义列强蹂躏的殖民地，清朝的表现也是可圈可点。但它的统治集团没有想到，时代终究会变化，清朝始终有它作为一个古代封建王朝的局限性。僵化的政治体制和崩溃的财政体系使它不能实现生产力与生产关系的根本性变革，因而"历史周期率"的魔咒仍如梦魇一般挥之不去。偌大帝国多少才俊之士，却只能用旧有的思维解决问题，无法适应工业时代的到来，只有当洋人的坚船利炮抵在眼前时才大梦初醒："时代变了。"

饱受屈辱之后，清政府尝试变革，也渴望变革。他们想方设法筹集资金，建设工厂，制造枪炮，聘请洋人，努力向工业化的目标奋进。一些近代落后国家就是通过这样的方式实现了国家工业化。土耳其和日本就是如此，可清政府却因《马关条约》赔掉了几十年的辛苦积累，从此不可避免地走上了覆亡之路。正如很多王朝的覆灭一样，清朝的晚期也饱受财政紧张的困扰，即使尝试过多次财政改革，甚至建立现代金融制度，可还是于事无补，最后只能眼睁睁地看着这条绞索一点点地勒进自己的脖子，以屈辱的姿态死去。如果没有看到实行这些财政措施所引起的一系列复杂的连锁反应，就难以真正认识晚清财政困局的形成原因及其经济改革的发展规律。但我们知道，经济基础决定上层建筑，晚清及至近代一系列的重大变局背后都离不开经济的推手，它悄无声息地改变着中国乃至世界的格局，给予今人无尽的深思。

清帝国作为一个领土广袤、资源富足的庞大帝国，是中国封建王朝的集大成者，不过立国 200 多年后，也陷入了灭亡的境地。而且，清帝国的灭亡与以往封建王朝相比，蕴藏着更深层次的经济原因。其中，作为中国近代史开端的鸦片战争，无疑是极其重要的原因。而当我们将目光放到战争之前，会发现有许多看不见的隐患在此前已经埋下。

鸦片和茶叶这两种看似普通的经济作物是如何伴随着新世界贸易体系的建立，改变了整个东方贸易格局的？小小的一两白银又是如何撬动整个庞大帝国根基的？鸦片战争真的可以避免吗？面对这"数千年未有之大变局"，清朝君臣又会做出怎样的抉择？

撬动世界的东方三角贸易

自古以来，金银就是财富的象征，缔造了历史上无数的传奇故事。黄金与白银因其稀缺性和稳定性成为一般等价物，是人类文明进步的一大标志。中国古代的黄金因产量供给比较有限，所以相当贵重，一般并不作为货币使用，甚至很少流入市场。而白银的使用就比较普遍，唐宋时期白银就开始作为流通货币使用，但直至明朝中后期才实现白银货币化。中国并不是一个盛产白银的国家，为什么会选择这种贵金属作为市场流通的主要货币呢？

这跟地理大发现有关。自从新航路开辟以来，以葡萄牙人和西班牙人为首的欧洲人从美洲攫取了大量金银，但欧洲本土的市场无法容纳如此巨额的财富。换句话说，这些美洲的廉价金银虽满足了人们对物质的享受，但也悄无声息地带来了潜在的危机。它们流入欧洲后引起了广泛的物价上涨和货币贬值，即所谓的"价格革命"。巨额财富让欧洲人蒙受了巨大的损失，他们希望能有效地将这些意外之财花出去。然后，他们发现从那个神秘的东方国家——中国，进口物资竟然能解决这个问题。而丝绸、茶叶、瓷器等东方产品马上成为欧洲上流社会青睐的对象。

而中国从明朝开始，政府就以白银结算税收，因此地方需要更多白银纳税，国库也需要更多白银维持国家运转，一时间对白银的需求量剧增。但中国自产白银远不能满足需求，便只能大量依赖进口。这样一来，美洲的白银，尤其是来自秘鲁和墨西哥的白银就源源不断地涌入中国。18世纪初，茶叶开始取代丝绸成为中国首要的出口商品，在当时那个没有国际通行的世界性货币的年代，就只能使用金银等贵金属进行结算，因此西班牙银圆和墨西哥银圆先后在中国市场上占据重要份额，成为东南沿海和长江流域通商口岸的主要货币。无论是中国还是使用白银购买中国商品的西方国家，在贸易中都得到了莫大好处。

在较长的一段时间里，美洲白银贡献了世界银总产量的八至九成。但好景不长，到18世纪末，美洲银矿就因为长期过度开采而日渐枯竭，美洲白银的减产进而引发世界银产量的下降。19世纪初，拉丁美洲大地上展开了轰轰烈烈的独立运动，一系列新生的独立国家自然不愿卑躬屈膝地向昔日的欧洲宗主国继续提供白银，于是强行收回白银开采权。

一向出手阔绰的欧洲老牌强国因此陷入了囊中羞涩的境地，他们拿不出更多的白银与中国开展贸易活动，各国的对华贸易额都开始下跌。此时孤悬于欧洲大陆之外的新兴霸主——英国，却敏锐地嗅到了商机。从康熙五十四年（1715 年）英国人在广州设立商馆开始，英国竭力扩展对华贸易。在白银大幅减产的情况下，中英贸易额不但没有萎缩，反而大幅增长。到 18 世纪中叶，英国对华贸易额已超过欧洲其他国家对华贸易额的总和。18 世纪末，英国进口的中国商品总值甚至已达到所有西方国家进口的中国商品总值的 90%，可以说英国独揽了西方世界与中国的贸易。

英国对华贸易额如此之大，其中一个很重要的武器就是印度的棉花。在此之前他们也尝试过别的商品种类，比如毛纺织品和金属制品，不过这些商品不远万里运到中国，其高昂的生产成本和长途运输费用直接抬高了价格，远远超出了中国普通老百姓的消费水平。不管是市场定位还是目标受众，都与设想的相差甚远，在当时中国这样一个以农业和家庭手工业为主的自然经济国家受挫也就不足为奇了，最后致使英国人血本无归。而印度作为"英国女王王冠上的宝石"，其得天独厚的自然条件与充沛的廉价劳动力使之能够产出质地优良的棉花，正好符合当时中国长三角和珠三角地区蓬勃发展的棉纺织业的需求，印度为中国带来了物美价廉的棉花，也为英国人带来了绝好的白银替代品。

在当时中国唯一开放的口岸——广州，到处是繁华景象：每年农历四月到九月，外国商船顺着南方温暖的海风驶入港口，卸下成堆的货物；农历十月至次年三月，商船又满载中国茶叶及其他特产顺着凛冽的北风驶向南方。从明朝开始，这样的景象持续了数百年。乾隆四十年（1775 年），英国开始将印度的棉花运往中国，棉花成为中印两个古老国家间第一次大规模交易的物品。到 19 世纪初，英国商人每年运往中国的棉花价值达到 400 多万两白银。直至鸦片输入以前，印度棉花一直是中国的最大宗进口货品。

英国人之所以要费尽力气把印度的棉花卖到中国，主要是为了换取茶叶。近代以来，茶叶和棉花都是开展国际贸易的重要物品，而中国也在这场空前的国际大交换中扮演了十分重要的角色。中国输出商品大部分为农副产品，优质茶叶、精美丝绸和土布等都是外贸商品的明星品类，西方人对此十分青睐，其中又以茶叶出口量最多。英国人对红茶的热爱大大拉升了其消费量，英商购买的中国茶叶从 18 世纪初的 500 担，到 18 世纪中叶的 5 万担，再到 19 世纪初的 20 万担，其增长率何止百倍！而生丝和土布的对英出口额也不断增加，英商购买生丝数量从 19 世纪初的不到 1200 担，增至 19 世纪 30 年代的 8000 担以上，增长了近 6 倍。[①]

在以前那个交通闭塞、人员交流往来极为不便的年代，商人们不得不赌上身家性命去做国际贸易。面对远方的惊涛骇浪，谁都不知道自己的未来是丧生于浩瀚大洋之中，还是载着满船财宝荣耀而归，这使得远洋贸易成为一项风险极大的商业活动。其直接后果就是外贸商品价格奇高，能够享用国际贸易商品的人也仅局限于上流社会。直到地理大发现之后，随着远洋航海技术的发展和交通运输工具的改善，平民才有可能消费得起原本价格昂贵的国际贸易商品，外贸商品多元化的时代从此到来。

---

① 戴逸主编：《简明清史》第二册，中国人民大学出版社 2006 年版，第 833 页。

中国出口的茶叶占据了英国人的下午茶时光，印度棉花则是中国历史上第一次大规模进口的外来原料，这无形之中也改造了中国传统的经济结构。在古代中国最重要的两个经济领域——农业和手工业中，这种变化尤为明显。包括印度棉花在内的许多种外来原料从东南沿海口岸输入之后，就立即由各级商人用车、船等交通工具运抵内陆，直接送到农民和小手工业者手中。如果把这套程序比作今天的物流的话，那么正是这些"快递员"在利益的驱动下做出了前人所没有做到的成绩，他们的工作是让一个"面朝黄土背朝天"的农民也在不知不觉间参与到国际交换中去，为长途贩运作担保的银号也能在其中分得一杯羹。在它们的共同作用下，传统金融业的活力进一步迸发出来，新经济因素的种子在华夏大地扎下根来，当然身处其中的人们并不知晓。

这样一来，数量庞大的印度棉花有如白色的巨浪，直接冲击着中国传统的土纺织业。本来可以将植棉、纺纱、织布的整套流程集于一家一户，现在已开始分解并向着专业协作化的方向发展，2000年来坚固稳定的农业社会第一次在国际贸易的冲击下出现了裂痕。

来自印度的原棉和来自英国的机制纱布在中国织工的手中变成质地优良、手感细腻的布匹后，再卖给欧洲消费者。在这个交换过程中，数量众多的东西方劳动者和消费者都不可避免地参与到这场复杂的国际分工链条中来。原本身处世界两端，毫无交集的一群人因此发生了经济上的联系。这种在今天司空见惯的情形，在当时那个仍处于封闭状态的世界里却是极难看到的。身处其中的人并不能意识到他们已然打开了世界近代史的大门，奏响了近代大工业生产的前奏，也不会知道未来会产生一种新的经济体系。

一个新的三方贸易在东方形成。英国将商品卖到印度，再把印度棉花卖到中国，用于进口中国的茶叶。这是中国第一次如此深入地参与到世界经济链条中，也是第一次与西方人发生如此密切的贸易联系。中国的统治者在享受国际贸易带来的好处同时，却没有想到自己已无法从资本主义迅速扩张的浪潮中脱身。尝到了贸易甜头的西方新兴资本主义国家也不可能允许一个拥有庞大潜在市场的远东大国置身事外，何况它还守着闭关锁国的陈旧祖训。此时的中英贸易形势看似良好，实际上却潜藏着种种尖锐复杂的矛盾，甚至已达到难以调和的地步。

从当时中国来说，棉花与茶叶贸易仍属于正常的贸易范畴，中国长期居于贸易顺差地位，获取了大量的白银。但是好景不长，从19世纪上半叶起，棉花贸易就不断萎缩。一方面中国并不是很缺棉花，作为一个历史悠久的纺织大国和棉花种植大国，进口印度棉花充其量只能起到一种补充作用，"有没有它都能过年"。另一方面英国科技进步神速，"珍妮"纺纱机、水力纺机、机械织机、轧棉机、蒸汽动力织机等一大批新型纺织机器陆续出现。机械大大提高了纺织速度，棉花在工业革命时代得以迅速普及，需求量节节上升，自家的印度棉花自然不能再给中国人。

到19世纪20年代，葡萄牙、西班牙、荷兰、法国、普鲁士、瑞士、瑞典等与中国有传统贸易的欧洲大陆国家都不得不退场，英国几乎独占了整个中国市场。可英国人马上就无奈地发现自己已难以承受长期逆差的损失，于是他们决定使用一种附加值更高的商品作为对华贸易输出的主力，这就是鸦片。嘉庆二十五年（1820年），英国对华鸦片输出额首次超过棉花，鸦片成为对华出口第一大商品，中国的贸易顺差也从此画上了句号。

从中英之间的棉花贸易我们可以看出，至少在鸦片战争之前的很长一段时间内，是东方产品而不是西方产品在中国更受欢迎。按照当时中国唯一开放口岸广州的主要进口商品统计，1817—1833 年，西方的产品货值不及东方产品的 1/3。英国的东印度公司把整个印度视为一个商业组织，以盈利为目的进行经营。一方面从中攫取资源再与中国交易，另一方面换取西方需要的财物。即产品出自东方，盈利却在西方，英国人可谓收获颇丰。当然，殖民者不会考虑殖民地人民的利益。随着英国对海外贸易的依赖程度与日俱增，印度人遭受的压迫只会越来越深。与此同时，没有进入工业化的中国也面临巨大的危机。

危机四伏的外交关系

按照大多数人的理解，鸦片战争是英国商人向中国大量销售鸦片，中国迫不得已予以封禁而引发的。虽然这场战争的直接起因是虎门销烟，看起来有一定的偶然性，但实则是必然的结果。在当时的历史背景下，没有哪个国家能够在资本主义扩张的浪潮中幸免。从另一方面来看，中英之间的冲突不仅仅是贸易，还有更深层次的政治和文化冲突，至少早在鸦片战争之前，冲突的种子就已悄然埋下。

大清帝国有一套朝贡制度。外国贡使每次入京觐见皇帝都带着礼物，大清帝国皇帝往往也给予更为丰厚的赏赐。朝觐结束后，使团还会拿出各类商品在会同馆陈列出售，令北京城的老百姓也有机会买到异域珍宝。一般这样的集市可以持续三五日，朝鲜这样的邻邦还会有更多优待，得到政府直接采买的机会。

不过西方人的到来，改变了这一持续千年的游戏规则。虽然清政府照样把他们视为远慕上国而来的朝贡国，但西方人自己可不这么认为，他们认为生意就是生意，何须分出个高低贵贱？矛盾自然由此而生。

　　引发冲突的直接原因是清朝的闭关政策。实际上，中国并没有完全将自己封闭起来，而是在对外交往的过程中逐渐形成了一种特殊贸易制度。康熙平定三藩之乱、收复台湾后，决定开放海禁，在皇帝的特别"恩准"之下设广东澳门、福建漳州、浙江宁波、江南云台山四个榷关。但到了乾隆时期，却又退回封闭的老路上，只限定广州一地通商，在别处交易均系违禁，可也正是这一政策阴差阳错之下成就了赫赫有名的广州十三行。不过，这也苦了那些外国商人，他们想要购买江浙生丝或是徽闽茶叶就只能去广东，再千里迢迢运到欧洲，中间必然会增加不少运输成本，到目的地后不知要霉坏多少。

　　而清政府也不好直接以官方身份与外国人做生意，所以一些官员便指派行商垄断外国进口货物的承销和中国出口货物的代购，允许他们自行确定经手的进出口货物价格。这样一来，行商就成为受政府委托、获得政府特许、专门从事对外贸易的商人集团。他们既协助朝廷，又代外商向广东海关纳税，不仅充当中外贸易中介，而且承担着管理外商的责任，等于是一群不拿朝廷俸禄的政府工作人员。外国人想和清政府做生意，要先过这一关。

　　政策上的阻碍，外国人还可以想方设法地得到通融，但是中国统治者以天朝自居的态度让他们倍感羞辱。乾隆五十七年（1792年），英国政府派出一支以马戛尔尼伯爵为首的庞大使团来华，这是英国政府派往中国的第一个外交使团。次年，使团抵达天津大沽，他们带来了不少欧洲最新的科技成果，例如天体运行仪、望远镜、地理运转全架、天球全图、地球全图等天文地理仪器，也有毛瑟机枪、连珠枪、铜炮、榴弹炮等新式武器。这些珍贵的礼品作为英国国力的象征献给中国皇帝，以显示自己的诚意。乾隆皇帝在热河避暑山庄接见了他们，然而文化和习俗上的重大差异使这次会见变得不那么愉快。

在英国人看来，这是一次庄重的正式外交活动，可在清政府看来，这是"远夷"慕义向化的朝贡使团，与周边那些小国的朝贡并无二致。清朝方面要求马戛尔尼等人以三跪九叩的大礼朝见皇帝，马戛尔尼自然不能接受，主张以觐见英国国王之礼朝见乾隆皇帝。双方各执一端，无法达成一致。在洋人面前丢了面子的乾隆皇帝大为不悦。

乾隆皇帝下诏说："似此妄自骄矜，朕意甚为不惬，已令减其供给。所有格外赏赐，此间不复颁给。"并且他还给出了自己的理由："朕于外夷入觐，如果诚心恭顺，必加恩待，用示怀柔。若稍涉骄矜，则是伊无福承受恩典，亦即减其接代（待）之礼，以示体制。此驾驭外藩之道宜然。"[1]

最后双方各退一步，英方同意行单膝下跪的礼节，中方也原谅了他们的"失礼"。乾隆皇帝在避暑山庄的万树园完成了这次接见，马戛尔尼递交国书，乾隆赐宴并赠送礼物后使团返回北京。清廷本以为马戛尔尼的"朝贡祝寿"任务已经完成，应当踏上归程了，没想到这些"英夷"竟提出了一系列狂妄要求。英国使团提出：一、允许英国商船在珠山、舟山、宁波、天津登陆，从事商贸活动；二、援引俄商先例，允许英商在北京设立商行，买卖货物；三、请于舟山附近划出一个不设防小岛给英商使用，以便英国商船到此歇息，存放货物；四、允许广州附近的英国人自由往来，不加禁止；五、对从澳门运往广州的英国商货减免税收；六、让英国船货只按照清朝所定的税率缴税，不额外加征，并公布所定税率，以便遵行。我们可以看出，这些要求已经超过了正当的贸易需求，显露出殖民者的侵略主张，中国自然不可能答应。乾隆皇帝断然拒绝："天朝尺土，俱归版籍，疆址森然，即岛

---

[1] 故宫博物院编：《〈文献丛编〉全编》第2册，北京图书馆出版社2008年版，第136—137页。

屿沙洲，亦必划界分疆，各有专属，此事尤不便准行。"[①]马戛尔尼使团多次与清政府进行交涉，都没有结果，在热河和北京坐了40多天冷板凳之后只好失望而归。

到了嘉庆二十一年（1816年），英国政府又派遣以阿美士德为首的使团来到中国，重提当年马戛尔尼使团的要求。显然他们还是没有吸取教训，在谒见清朝皇帝礼仪问题上争执不下。这次的结果更糟糕，使团连嘉庆帝的面都没有见就被遣送回国。从此之后，中英通过外交途径解决争端的道路被堵住了。

另外，清政府为防范外国势力"勾结内地奸民"，于乾隆二十四年（1759年）单方面出台《防夷五事》，嘉庆十四年（1809年）制定《交易章程》，道光十一年（1831年）又续定八条章程，对外国人的限制可谓一次比一次严厉。外商不仅不能在广州过冬，而且连女性家眷都不能带来，每月逢三、八日才能到附近游览散步，平时就只能老老实实待在商馆之内。朝廷对中国人与英国人任何形式的私下接触都不允许，如有违令者，必受重罚。对于当地官员来说，他们最关注的就是"夷人"是否安分守己，是否按时纳税。在他们眼中，只有万事太平才能保住自己的乌纱帽。清政府对英国商人的歧视与戒备可见一斑。

显然，这种规定只会严重阻碍对外贸易的发展。不仅如此，清朝的最高统治者对从事外贸的华商、华侨也毫无保护，而且倍加歧视。清朝闭关政策的影响无疑是恶劣的。相较于政策上的闭塞，精神上的自我封闭才是最危险的：它不仅关闭了对外贸易的大门，造成闽粤浙等沿海地区民生日蹙，对社会经济危害巨大，也妨碍了中国人对西方先进科技与思想文化的学习吸收。当西方走上近代工业化道路时，中国仍在茫茫黑

---

① 《清实录·高宗实录》卷一四三五"乾隆五十八年己卯"条。

夜中摸索，对外界一无所知。

此时的大清帝国从上到下都沉迷于天朝上国的美梦之中，全然不知赖以维系其宗主地位的勘合朝贡贸易体系已濒临崩溃，自身也风雨飘摇。放眼四方，越南为法国人所占，印度已沦为英国的殖民地，西班牙人则把菲律宾的华商势力清扫一空。日本的做法值得借鉴，从 16 世纪末西方殖民者来到日本后，德川幕府划定长崎一地通商，接纳外国商船。荷兰的"兰学"更是成为上层知识分子中十分风行的学说，为日本人了解外部世界打开了一扇大门。在学习大量西方先进科技与文化的同时，日本也得以逐渐摆脱中国的影响，清帝国的外交困境日益严重，以往坚实而稳固的朝贡贸易体系面临前所未有的挑战。

英国人把对清政府的厌恶通过笔记或游记的方式带回了西方，进而引发了整个西方世界的不满。在当时和后世西方人的笔下，这段时期的中西交往是令人愤慨和无奈的，中国意味着打压、侮辱、掠夺和腐败的一方，英国商人扮演了受害者的角色。中国的形象被肆意抹黑，这是清政府实行愚昧落后闭关政策的结果，也是后来一众英国议员叫嚣对中国实行武力"惩罚"的依据，虽然在清政府看来完全不是那么回事。满朝文武没人能想到，就是这些在他们看来不服教化的狂妄"英夷"，竟会在若干年之后带着他们闻所未闻的坚船利炮再次"造访"中国。

中英贸易冲突

在贸易方面，中英双方也积累了巨大的矛盾。中英贸易的第一个矛盾点集中体现在清朝长期保持贸易顺差地位，而英国处于贸易逆差地位。18 世纪末，英国输出到中国的毛纺织品、金属制品和棉花三类主要商品的价值总和，仅仅相当于英国从清朝购入的茶叶这一项商品的价值。英国人想要购买清朝的生丝、土布、瓷器等商品，就不得不付出大量的银圆。据粤海关计算，仅广州一地每年平均就流入上百万银圆。"夷船必待风信，于五六月间到粤，所载货物无几，大半均属番银"[1]，这哪里是商船，分明就是满载银钱的宝船。

中英贸易冲突的第二个矛盾点就是清朝关税的透明度问题。任何一个独立主权国家都不可能任由外国商品冲击本国市场，所以往往会设立关卡，征收关税，以保护本国商民的利益，发展本国经济。税率根据实际情况适时而变，就如同一道城墙一般，在外国商品强势时提高税率，以关税壁垒的方式抵御外国的经济入侵。不过，在当时欧美国家已经有一个约定俗成的规则，即无论关税怎么变化，税率公开是基本原则。可英国人在东方碰到了一个"不讲理"的对手，以天朝上国自居的大清视对外贸易为羁縻四夷的手段。清康熙年间规定关税正额为白银 4.3 万两，而且这一规定一直延续到第一次鸦片战争时期。可让人没想到的是，随着贸易增长税、款增加，超收部分竟越来越多，到乾隆年间关税正额已超出 85.5 万两白银。

那么这些税有哪些种类呢？第一种税目是船钞。明代称梁头税。该税按照商船的大小分为三等，每艘征缴白银 1400 两至 40000 两不等。如果嫌太贵，实际征收时也可以打个七八折，当然为何打折、打几折也是大有学问。第二种税目是货税。"凡商船出洋进口货物，按斤科税者为多，有按丈、匹、个、件者，各因其物，分别贵贱征收。"[2] 这是按照进出口商品本身的价值征税，一般按照"百中取二"的原则征收，实

---

[1] 《文献丛编》第十七辑，福建巡抚常赉奏，雍正五年七月十九日。
[2] 《钦定大清会典事例》卷一八八，第 14 页。

际上附加税却往往超过正税数倍。第三种税目是规礼。这种税就很不讲规矩了，可以视为清朝官员的灰色收入。征收的手段，有强行勒索、吃拿卡要等，在到手之后再一同分赃。当时，这是海关约定俗成的规矩，这也是粤海关官缺一向被视作肥缺的原因。

不仅如此，当时的外国商人想要进口货物，必须先过火足、开舱、押船、丈量、贴写、小包等各类名色30条；想要出口货物，还有验舱、放关、领牌、押船、贴写、小包等各类名色38条。整个进出口贸易之艰辛可想而知。更糟糕的是，其征收的额度很随意，全凭征收者的心情，于是大把的银子就进了海关官员的口袋。外国商人要做成一单生意，困难重重，如此费心费力，自然会招致诸多不满。

雍正时期，曾决心整顿陋规，一举查出粤海关"规礼"数万两。虽然雍正将这些非法所得以归公的名义收归国库，但海关规礼照收不误，各国商人还是饱受其苦。如此混乱的关税制度和贪婪的官吏，让英国商人深受其害。同时，与其做生意的华商也被狠狠压榨，只是敢怒而不敢言。

中英之间贸易冲突的第三个矛盾点是"商欠"。所谓"商欠"就是清朝行商所欠外商的债务。行商作为中英贸易的中介，会代销英商货物并收取货款。英国人倒也乐享其成，货物交给本地商人代为销售自然不愁销路，大大减少了卖不出去的风险，卖得的货款就当作贷款放在行商那里，鼓励他们努力扩大销路，等时间到期再连本带息拿回，岂不美哉？这些商人心中的如意算盘打得很响，却没有想到大多数行商其实做的也是小本生意，手上没有那么多流动资金，一旦货物卖不出去，手上资金链断裂，就会面临无力偿还贷款的境地。久而久之，利息越滚越多，债务人哪怕卖儿卖女也无法清偿，这笔钱也就成了烂账。

　　那时，没有今天的破产清偿和法律保护，发生跨国债务纠纷后清政府也没有有效的办法解决双方的矛盾，以至于后来"商欠"事件越来越多，数额也越滚越大。清政府虽曾三令五申清理商贸交易的尾欠，但直至鸦片战争爆发，商欠还有300万银圆。英国商人为了索要债款，有时令商船故意拖延不进港口，以示要挟，有时甚至会鼓动英国的印度殖民地政府派出军舰武力讨债，结果进一步恶化了中英两国的外交。

　　虽然中英之间的贸易关系有互补的方面，可就实际需求而言，两者并不平等。对于任何一个公司来说，出现长期现金净支出必然会导致亏损，进而使经营陷入困境。国家也是同样的道理，即使从新大陆获得再多的贵金属，也经不住如此花费。正在发展的工业革命更需要庞大的资本支持，英国人必须想办法扭亏为盈。

　　以英国为首的资本主义国家对华销售商品、开拓对华市场进而攫取更多利益的计划遭到深闭固拒，这是英国从未遭遇过的窘境。愤怒的英国人决心以一种特殊商品——鸦片作为对华输出的主要商品，从而深刻地改变了这个古老东方帝国的命运。

　　鸦片本来作为一种药品来到中国，它的主要成分生物碱——吗啡能够缓解病患的疼痛，但它同时也麻醉了中国人的精神，成为严重摧残中国人身心健康的元凶。猖狂的鸦片贸易和走私从根本上改变了中英贸易的格局，中国迅速从贸易顺差国转为贸易逆差国。道光十七年（1837年）时，英国输往中国的鸦片总值已经超过中国输往英国的商品价值总和，中方的贸易逆差已达800万两白银。而且，更多的白银是由鸦片贩子走私运输的，没有纳入官方统计。两者相加，估计道光十三年（1833年）以后中国每年白银逆差1000万两，鸦片贸易和鸦片走私给中国社会带来深重的灾难。

恐怖的"银荒"

鸦片不仅是一种危害甚大的毒品，毒害人们的身体与精神，还会造成大量白银外流。对于中国这样一个大额收支都用白银结算的国家来说，损失大量白银的后果是致命的。那么，为何小小一锭银两能够产生如此巨大的危害？清政府又对白银有着多大的依赖？

看似繁华的市场之下潜藏着巨大的风险。中国本身银矿不多，开采也不充分，白银基本靠对外贸易输入，这便意味着政府于无形中放弃了之前一直垄断的货币发行权，也就大大削弱了政府以铸币调控市场经济的能力。一旦银钱比价的这种微妙平衡被打破，政府就很难及时做出有效反应，进而引发经济的巨大动荡。这种情况在以往的农业社会中很少出现。因为在国际贸易不发达的情况下，资金的流动很少超出国境。可鸦片的到来改变了这一切，它的高成瘾性和高附加值，使它能迅速打败其他传统商品，占领市场。

鸦片倾销带来了银钱比例的失衡，进而引发巨大的社会危机，导致清代社会经济濒临崩溃。农民、小手工业者、小商贩等出售自己的产品时，一般都以铜钱作为交换中介。而向政府完税时，再把铜钱按照银价折算成白银。现在白银数量迅速减少，显然会导致银价上涨，银贵铜贱。19 世纪初，一两白银能够兑换 1000 文铜钱。到 19 世纪 30 年代，一两白银已经能够兑换 1700 文铜钱，银价上涨幅度达到 70％。后来甚至突破 2000 文大关，此后更是常年保持在每两兑换 1800 文铜钱以上的水平。

对于如此可怕的上涨幅度，损失最大的就是广大普通民众。不仅平日买卖要付出更多成本，赋税负担无形中也大幅上涨，大批平民难以承受，继而陷入贫困。用一个简单的经济学原理解释，就是白银大量外流使国内市场货币流通总量减少；货币和商品流通速度明显放缓，令民众购买力大幅下降，从而出现商业萧条、店铺倒闭的现象；最后社会经济濒临崩溃，财政更加困窘。一场无法遏制的"烈性传染病"在整个中华大地上肆虐，所有参与经济活动的人都不可避免地卷入其中，"银荒"逐渐变成"民慌"。

某种程度上说，"银荒"危机就像一根导火索，点燃了本就蕴藏重重矛盾的中国社会。它也像一面镜子，折射出中国社会与经济危机产生的深层原因。直观地看，鸦片战争前后，中国的货币（尤其是白银）供给严重不足，导致农产品和手工业产品的价格不断下降，农业和手工业——这两个维持普通人民基本生活的生产领域损失惨重。

"银荒"一至，受压榨最深的无疑是农民。在种种苛捐杂税下，农民要缴纳每年所得的半数以上。即便如此，清政府还在想办法敲骨吸髓。虽然按照顺治十四年（1657年）的定例，各省缴纳地丁杂税的比例应该是银七钱三，但官府借口制钱笨重，不便运输，要求农民缴纳的米粮还要折色，有的甚至要先折钱再折银。钱价贵于粮价，而银价又贵于钱价，一来二去老百姓只能获得一点儿远低于其劳动成本的报酬。这样算下来，农民等于多缴了之前一倍的税负，"以昔日两年之赋，足今日一年之额"。正所谓谷贱伤农，农民辛辛苦苦劳作一年，结果往往是不敷工本，其直接表现就是他们的生活水平每况愈下。据统计，1840—1850年，农民的购买力指数降低了约1/3。等到土地已完全无法满足农民的生存时，农民如果不想变为饿殍，势必会化作流民盗匪，啸聚一方，危及统治秩序。

而在地主阶级和官僚阶层看来，农民作为最底层的劳动者和供给者，理所应当成为他们剥削的对象。虽然在朝廷的高额税赋下，地主因拥有更多的土地而要去承担更沉重的赋税，日子也过得紧巴巴。但是，地主总有办法转嫁这些赋税，或者通过折色的方式不断加大对佃农的剥削与榨取，或者是隐瞒户口，"大户包揽小户，小户附托大户"，结果自然是"取偿于弱户"。对于此等无法无天之行径，官府却听之任之。毕竟很多地主豪强身上都挂着士绅的牌子，与官府有千丝万缕的联系。自古"君王与士大夫共治天下"，他们作为皇权在基层的代理者，受到了更多的优待。可以说地主阶级只是看起来压力很大，实际上他们早已把沉重的赋税转移到贫苦的佃农身上去了。

与之相比，商人也好不到哪里去。农业和手工业生产受到如此严重的损害，必然会导致商业萎缩与萧条。毕竟大批农民和小手工业者的贫困与破产，会导致其购买力严重不足，商人从事正常的商业经营几乎无利可图。这直接导致了商业萧条，大量商店关门，集市闭市，昔日繁华的江南一带呈现出萧瑟之象。在此种情况下，商品和货币的投机买卖活动却是愈演愈烈，不断引发市场的剧烈波动。

商业上的危机在当时的银号上淋漓尽致地表现出来。比如，"银荒"之前的北京可谓"万方辐辏，商贾云集"，千余家钱铺云集京城。"银荒"发生后，有的银号参与投机亏光了自己的本钱；有的放款收不回来，导致坏账严重；更多的则是遭到大面积的挤兑。民众深恐银贵铜贱的趋势愈演愈烈，争相前往银号提取银两，逼得银号大面积关门，情形一片惨淡。

大商人如此，小商贩和手工业者等就更为悲惨了。本来经营规模就小，资金也匮乏，就指望用薄利多销的法子维持生计。结果"银荒"发生后，商品销量急剧下降，小本生意利润微薄，现在钱价贬值速度如此之快，到手就等于亏钱，更何况要购买新的生产资料多半是要用白银的。不管再怎么提高售价，降低成本，也不可能赶上银钱比价上升的幅度，亏本几乎是不可避免的。

有血本无归者，就有赚得盆满钵满者。商业的萧条反倒给了高利贷投机资本以兴盛的机会。当时的行情，不管是做买卖还是投资实业，不仅无利可图，甚至还可能血本无归。商业资本在本质上是趋利避害的，在这种情况下必然会转向更为保值的土地，导致土地兼并的趋势进一步加快，农民破产更快。或者通过别的方式牟取暴利，比如当时的当铺，在经营典当业务中还会故意压秤。出银时一定要在每两上轻个两三分，进银时则要求足色，每两一定要重个两三分，一来二去就等于多收了四五分的利息。这实属"霸王条款"，可清政府无所作为，势单力薄的平民即使遭受如此盘剥也无处说理。

对银货的囤积居奇与肆意投机更是司空见惯。虽然此时的银号还没有现代银行的一些管控手段，但已经隐隐显示出私人垄断资本对市场的控制企图。这从另一个方面恶化了本就十分严重的"银荒"，经济陷入不可避免的恶性循环。

可以说整个"银荒"期间，除了少数投机者，几乎所有参与商品交换的劳动者、生产者及消费者都真切地感受到了这场规模浩大的冲击，并且无不损失惨重。

更令清政府头疼的是，不仅自己的几大重要税源都受到了冲击，而且流民越来越多。这些人就算不沦为盗匪，也会托蔽于豪强富户门下，成为所谓的"黑户"，实征地丁银数可以说是越征越少。各处榷关也因为商业萧条，榷税有绌无盈。至于盐税，老百姓穷得连盐都买不起，以至于到处充斥私盐，屡禁不止，盐课收入也随之大减。

清政府面临巨大的财政危机，财政收支盈余大幅减少，财政状况日益恶化。据载，乾隆五十四年（1789 年）户部库存银数为 6000 余万两，嘉庆十九年（1814 年）骤降至 1240 余万两，至道光三十年（1850 年）

仅剩 800 余万两。

这足以证明"银荒"发生后，尤其到了 19 世纪中期，清政府的财政已困难重重。可"屋漏偏逢连夜雨"，"银荒"未完，"钱荒"又至。之前政府的各项财用全都要由户部的银库发放，"银荒"发生后，清政府可以说是急得焦头烂额，甚至连户部银库都已经入不敷出，已然严重危及统治根基，清政府自然是更为贪婪地从民间搜刮白银。这样一来，民间银两更加稀缺，飞速贬值的铜钱已经超出了人们的心理预期，大家争先恐后地用铜兑银，都不愿意使用铜钱。市场上又迎来了"钱荒"，民间市场一片混乱。可在朝廷看来，白银就是帝国的基石，一切都是为了维持统治，哪里还管民众的死活？

古语常言"开源节流"，道光皇帝倒是带头节俭，身穿带着补丁的朝服，可大清的贵族豪绅仍然奢侈无度，肆意挥霍百姓的血汗。事实上，"银荒"发生后，清廷的各项支出不仅没有缩减，军费支出还有增加的趋势，显然是出于维护统治的需要。中国本就缺银，找不到其他可以进口白银的渠道，白银的流通总量就无法大幅增加。统治阶级再怎么厉行节俭，如果不能解决缺银的根本矛盾，事态就不会有根本性的缓解。

"节流"不成，"开源"方面倒是花样百出。为了能够更加高效、彻底地盘剥农民，清政府想出了种种办法。比如"截串"之法，今年预征明年之税，明年复征后年之税。如此透支未来的潜力，以至于后来者无可复征。还有卖官鬻爵的"捐监"制度，美其名曰"捐纳"，实则是拿着豪绅富商的白银来填补空虚的国库。这些捐官的人走马上任之后，自然是想方设法大加搜刮，以弥补自己的损失。如此种种，放在历朝历代皆是亡国之象。统治者既不思如何减少"银荒"危害，又不思如何变法图强，无非是为一己之私将压力层层下放，迫使底层农民破产，沦为流民。可官员想保住自己的乌纱，总要收齐税赋，于是中小地主也倒了霉，相继没落，整个帝国的基层统治千疮百孔。

鸦片下的博弈

面对内忧外患，清王朝统治集团不是没想过解救之法。既然祸首是鸦片，那是否应当立行禁烟呢？事实上早在鸦片战争之前，朝廷就为是否禁烟分为两派，展开了长达两年的论战。主张"驰禁"的认为，反正鸦片也是越禁越多，干脆就使其合法化。一方面能让国家多征税，另一方面也能节省禁鸦片的开支。甚至有人主张，可以鼓励有条件的地区自行种植鸦片，增加农民收入，抵御外国鸦片进口以避免白银外流。这种论调在今日看来颇为滑稽，可在当时竟颇有市场，而且受鸦片毒害最深的广东地区官员反倒最为支持此决议，足以说明其与毒贩利益纠葛之深。好在道光皇帝思路还是很清晰的，对禁烟一事比较坚决。正如林则徐所言，若不对鸦片立行禁止，就会导致"中原几无可以御敌之兵，且无可以充饷之银"。在清政府看来，前者虽然糟糕，但军事力量的薄弱对于自己这个"天朝上国"并不会造成致命的威胁，后者才更危险。观前明旧事，偌大的明朝正是因为财政紧缺，连军饷都发不起，才导致将士离心离德，最终亡国。这是清政府万万不愿看到的。鸦片带来的那一点利益，与帝国基础的崩溃所带来的巨大成本相比，简直微不足道，显然禁烟已成为不得不行之策。

可是，禁烟真的就如虎门的一次销禁那么简单吗？对于英国来说，鸦片已成为一项不可或缺的财政收入来源。据统计，从19世纪开始，在英国印度殖民地政府的财政收入中，来自鸦片贸易的收入比重越来越高，嘉庆五年（1800年）只占3％，道光十年（1830年）以后就超过

10%。① 而其中相当大的一部分都不是通过正规渠道，而是通过走私的方式流入中国。今天我们已经知道，18 至 19 世纪初的鸦片走私道路一般有两条：一条是靠英国散商在当地行商的庇护下夹带鸦片进入广州黄埔，再流入内地；另一条是沿海商人先在澳门购得鸦片，然后在外海分批卖给各家船户或直接销往内地。第二条路一度使澳门成为"西方向中国输入鸦片最主要的仓储地和转运站"。

可这个贸易体系却意外地遭遇到挑战。道光元年（1821 年），有个叫叶恒澍的澳门屯户在广东杀人被抓，但在审讯时，叶恒澍揭发出自己作为中间商向广东很多官员行贿的细节，一时令整个官场震惊。他被改判为贩卖鸦片罪，案件也成为走私案件，后官府人员为了保住自己的乌纱帽，不仅断绝了澳门与黄埔之间的交通往来，还加大了对鸦片走私的打击力度。这等于抓住了行商的命脉，走私生意的难度陡然上升。在重重压力下，他们不得不放弃承保走私鸦片的外商船只。

可鸦片走私并没有因为官府的查禁而萧条，相反，快速增长的鸦片需求刺激着许多地方缙绅和富豪，甚至连官府差役等都贪婪地涌上来想分一杯羹。他们使用更加灵活快捷、易于躲避官府巡查的武装商船"快蟹"从伶仃洋的趸船接货，然后运往内地分销。这样虽然一定程度上增加了运输成本，但因为有地方势力的保护，鸦片贸易反倒更隐蔽地在地下迅速发展起来。即使官府前来查禁，他们也能提前得知消息，进行转移。很快，一个结构更加严密、分工更加明确的新型走私网络在整个广东沿海遍布开来。

此时，鸦片俨然已成为英国从与中国的贸易中获得最大利润的商品。放弃既得利益显然是不可能的，只有更多地倾销商品才能维持英国

---

① John King Fairbank. *Trade and Diplomacy on the China Coast*. Harvard University Press，1953：64.

东印度公司的繁荣。

有人认为，英国人并不将鸦片视为毒品，毕竟阿片类药物在当时的英国也并不鲜见，但这并不意味着鸦片的存在就是合理的。18 世纪末到 19 世纪初，英国民众可以在药剂师那里轻松地获取鸦片这种专卖药。被大资本家残酷压榨的工人用它缓解身心的疲惫，甚至连贫弱的母亲都会用含鸦片的"婴儿保静剂"减轻育儿的负担。滥用鸦片的情况如此严重，导致了一系列严重的社会问题。为吸食鸦片去抢劫、服鸦片过量中毒、吞鸦片自杀等事件屡见不鲜，犯罪率不断上升，社会秩序混乱。这一切都受到了人们的谴责，他们说鸦片"如此邪恶以致它是最大的民族罪孽"，"我充分相信这个国家怂恿这种罪恶的交易是极坏的，也许比怂恿奴隶贸易更歹毒"。显然英国人也明确知道这是一种易使人上瘾的毒品，但在利益的驱动下，他们毫无顾忌地对外倾销鸦片。这其中也包括不少上流阶层的贵族议员，这也是他们宁愿与这个看似强大的远东帝国开战，也不愿意放弃鸦片贸易的原因。

既然鸦片贸易如此卑鄙，中国方面是否采取了有效的措施以应对鸦片走私呢？答案并不如人意。虽然官方一直打击鸦片贸易，但如此大规模的鸦片走私显然不是英国单方面的行为。之前为鸦片走私商人承保的行商具有官方背景，之后参与其间的各路人马也有官府的影子，至少很多能从鸦片贸易中获得利益的官员是对查禁一事持消极态度的。鸦片在民间泛滥，足以显示清政府基层吏治的薄弱与腐败。

最为讽刺的是，鸦片居然越禁越多。1821—1827 年的鸦片年均输入量 9708 箱，1828—1835 年的年均输入量 18712 箱，1836—1839 年的年均输入量又增至 35445 箱[①]，几乎每隔几年就翻一倍，且间隔越来

---

① ［美］马士著，张江文等译：《中华帝国对外关系史》第 1 卷，上海书店出版社 2000 年版，第 239 页。

越短。

道光十九年（1839年）初，清政府派林则徐赴广东查禁鸦片，并颁布《钦定禁鸦片烟条例》，试图以断绝鸦片来源与销售的方法来遏制鸦片贸易。林则徐下令严厉打击外洋趸船和"快蟹"偷运活动，并包围外国商馆，勒令外商不得离粤，最后迫使英美等国商人交出了外洋趸船上的两万余箱鸦片，在虎门将其全部焚毁。这就是历史上著名的"虎门销烟"事件。此事看似振奋人心，实则并未达到预期目的，广东的鸦片供应量很快便恢复到之间的数额。清政府并未意识到他们的对手不是几个洋人，而是一个遍布东南沿海的庞大走私网络，这种情况下只抓几个贩卖鸦片的商人、销毁一点鸦片根本就是治标不治本，鸦片的走私和运销体系仍然存在。

第一次鸦片战争失败之后，清政府的态度很快就软下来了。道光二十二年（1842年），奉命与英军议和的两江总督牛鉴在与英方代表璞鼎查的照会中表示"自禁吾华民之吸食耳"。道光二十三年（1843年）8月，耆英在广州与璞鼎查谈判通商章程时也表示"中国严禁鸦片各条例，均所以约束中国人民，未尝禁及外国"。也就是说清政府发现军力不及英国，为了不继续挨揍，就干脆不管鸦片的输入，只管中国人的吸食。这样一来，鸦片的泛滥就更严重了，光是上海一个口岸输入的鸦片就接近战前总量，以至于中国进口商品大多为鸦片所取代。

清政府软弱的态度被他国看在眼里，它们自然对中国更是轻视，进而提出更多不合理的要求，最终在第二次鸦片战争后鸦片贸易彻底合法化了。

而对普通农民来说，鸦片贸易只会导致一个恶性循环。由于鸦片要经过重重关卡才能到内地，价格被加得很高，大多数农民都吸食不起，所以很快就有人嗅到了商机。洋烟昂贵，本土鸦片市场又几乎没有供给，那自产自销岂不能最大程度降低成本来获取利润？所以大批农民放弃粮食生产改种罂粟，毕竟这比他们辛辛苦苦种粮食还要被官府盘剥要强得多。由于土烟不征关税且运输便捷，价格能比进口洋烟便宜一半，因而得以迅速扩大市场，甚至得到各省官员的支持。面对鸦片的高额利润，连林则徐都慨叹道："鄙意亦以内地栽种罂粟，于事无妨。所恨者，内地之民嗜洋烟而不嗜土烟。"但其后果也十分严重，大量土地被罂粟侵占不说，那些终日吞云吐雾的瘾君子哪里还能下地干活？这又加重了本就严重的人地矛盾和粮食危机。

当一个国家的社会秩序接近崩溃，基层治理几乎糜烂的时候，人们便为了自己的生存而顾不上他人，即使明知自己的亲友正遭受毒害。可以说，每一个人既是受害者也是加害者。事实证明，没有强有力的政府和有效的措施，便没有可能从根源解决问题，禁烟也只是权宜之计。

正如我们所知，禁烟最终失败。随着第一次鸦片战争的失败，道光二十二年（1842年），中英签订《南京条约》。这份丧权辱国的不平等条约，令经济主权面临极大的威胁，中国遭受着前所未有的内忧外患的困境，一个"千年未有之大变局"到来了。

第二章
晚清帝国的财政体系
CHAPTER TWO

无财则事事不可为，无政则事事不可决。财政于国家而言极为重要。财政收入关系到能不能有效维持地方统治，能不能进行国家建设，能不能给官员兵丁发放足够俸禄。古往今来，有多少强大的王朝没有死于外患，却倒毙于内忧，深究其中原因，往往都绕不开财政的失衡与崩溃。

中国古代王朝有为前朝修史的传统，为的是吸取前一个朝代甚至历朝历代的经验教训，以免重蹈覆辙。大清帝国同样如此，它沿袭明朝的政府机构，在中央设立内阁，六部中的户部专门负责全国的财政事务，职责范围相当大，可以管理全国的田亩、户口，征收赋税乃至发放俸禄。可以说，帝国全部的家底都要由户部负责，其重要性不言而喻。

下至各省，还有专门的布政使司，类似今天的省级财政厅。不过清朝统治者借鉴历朝历代的经验教训，深知财权的重要性，并不想让省级长官控制财政大权。所以布政使司并不听命于各省总督与巡抚，而是直接对户部负责，只能算中央对地方的派出机构。布政使也和地方督抚没有隶属关系，从而避免地方长官对财权的觊觎。客观地说，清政府在财政制度的设计上已颇为完善。

大体上说，作为一个农业国，清王朝主要在土地方面征收需要的税额。从清代的几大税赋项目来看，田赋占了绝对大头。清初按照人头数收税，将丁银和田赋合并上缴。但这样一来，隐匿户口或者依附豪强的事情就不可避免。这是个困扰中国封建社会 2000 年的问题，一直得不到有效解决。但康熙皇帝想到一个好办法，既然解决不了户口问题，干脆就废除人头税，于是以康熙五十年（1711 年）的人口数作为征税标准，之后"滋生人丁，永不加赋"，正式废除人丁税。从雍正开始全面推行，把固定下来的丁税平摊到田赋中，征收统一的地丁银，这就是历史上有名的"摊丁入亩"。从那之后，清朝的人口数就一路飙升，在鸦片战争爆发前人口已突破 4 亿大关。

严峻的人口危机

清朝前期，财政收支主要以量入为出为原则，总体而言盈余较多。嘉庆、道光之前，财政仅在支出时分为起运与留存，收入则统一，可以说并不存在真正的地方财政。中央地方府衙经费均纳入国库系统，经户部核准支用，事后以奏销审核。正所谓"入有额征，动有额支，解有额拨，存有额储"，不管是收入还是支出，每一分钱都花得明明白白。

这样一个看似完备且稳定的财政管理制度是否存在隐患呢？事实上，它最大的问题就出在稳定上。试想下，作为清朝一个普通地方官员，自康熙以来已明确规定"滋生人丁，永不加赋"。人数增长对征收赋税并无帮助，唯一的依据就是田地数量，上级领导每年来调查田亩数量，以此订立征税标准。没多少变化还好说，如果增加，反倒提高了征税标准，给自己增加麻烦。若明年完不成指标，还要受罚。这样思前想后，倒不如少报增加的田地，以求无功无过。当时的不少官员都抱有此种想法，以至于整个清朝中期财政收入增长都极为缓慢。

问题是财政收入增长缓慢，人口的增长可并不缓慢。迅猛增加的人口严重超过了清朝统治者的预期，从康熙二十三年（1684 年）人口正式宣告突破 1 亿大关，每隔几十年人口就上一个新台阶。乾隆二十九年（1764 年）突破 2 亿，乾隆五十五年（1790 年）突破 3 亿，道光十四年（1834 年）达到 4 亿人口。① 这是一个史无前例的数字，从未有任何一个国家或集体达到过如此规模，也没有任何一个统治者尝试过统治如此庞大的人口，清朝统治者面前是一条没有人走过的路。

所有人的吃穿用度都要花钱，以农业文明的生产水平要供养如此庞大的人口，实在让清朝的国库力不从心，结果财政的窟窿越来越大。当然最令清朝统治者头痛的还是人口与土地的矛盾，在土地总面积没有爆发式扩张的情况下，人口的过量增长一定会导致人均耕地的缩减。这是一个简单的算术题，却无人能够解答。

人均耕地面积的下降已到怎样严重的地步呢？康熙二十四年（1685 年），人均还有 27.92 亩耕地，足可以养活一大家子；可是到 150 年后即道光十四年，人均耕地就只剩下 2.84 亩。

这个数字看起来不算太少，因为今日的中国人均耕地仅有 1.3 亩，而且还有下降趋势，相较而言清朝的人口危机似乎并没有那么严重。但事实并非如此，一方面今日的中国农产品哪个种类不足，就可以有针对性地进口以弥补国内需求，当时清政府显然没这个条件。另一方面古代并没有化肥农药，也没有播种机、收割机等现代科技工具，按照农业社会的耕种效率，辛苦劳作一年，能混个温饱就不错

---

① 周源合：《清代人口研究》，《中国社会科学》1982 年第 3 期。

了。而且，这还是在朝廷减少赋税、风调雨顺、无灾无害的情况下才能勉强实现。万一遇上灾年，官府处置不好，就会出现饿殍遍地的结果。

据保守估计，从康熙二十四年到道光十四年（1683—1834年），粮食的人均生产量下降了一多半，仅有170千克。正因为普通自耕农极为薄弱的抗风险能力，他们才需要更多的土地去维持生存。如果无法达到这个条件，甚至连生存的底线都不能满足，那么帝国的稳定就会遭到严峻挑战。

面对如此严重的后果，历朝统治者一般都采用轻徭薄赋的政策来应对。在很多时候，这的确也是一种最为有效的办法。那么大清帝国的统治者又是怎么做的呢？税的确减了，但百姓的负担却没减。这并不难理解，由于人口总额的迅速上涨，分到每个百姓头上的税负额有所下降，但这个下降的幅度远远比不上人均粮食产量减少的幅度，其结果就是老百姓剩余的粮食仍然不足以供给自己的需要。

这似乎是一个无解的难题。土地与人口的结构性矛盾不可能得到根本解决，能够增加的荒地有限，但增加的人口无限，清政府不敢也不可能实施减少人口的措施，只能坐视情况恶化下去。从今天的角度看，提高土地产出率、发展科技是唯一可行的办法，也是未来的发展方向。不过清朝统治者可没那么长远的眼光，在那个连蒸汽机的名字都没听说过的年代，指望统治阶级主动发展科技实在很不现实。

如果这个庞大的帝国是一台构造精密的机器，那么财政收入就是维持这台机器可以不断运转下去的基础。在嘉庆、道光年间，财政窘迫已经成为一个不可忽视的问题，各地都想出种种办法拖欠应缴税款，结果户部的存银一天比一天少。康乾盛世的辉煌悄然落幕，新的危机与挑战层出不穷。

并非大家都不愿救国家于危难，实在是有心无力。清朝官吏根本遏制不住贪污风气，赋税征收要收钱，起运要收钱，到了解运入库的时候还要收钱，基本上每过一手银子就少一点。朝廷当然会小心提防，发起高强度的反腐运动，但蛀虫们贪污的手法仍是层出不穷、花样翻新。

以额度最高的田赋为例。国家明确规定征收标准，到了地方就成了另外一个样子，各级官僚层层加征。开始还能控制在总额的 15% 左右，之后越来越高。各地官员为了彰显自己的功绩，也为了多拿好处，把一亩地当成两亩来收，把一升的米当成两升来缴。还嫌不够怎么办？干脆谎报灾情，在获得朝廷税收豁免之后，自己再照征不误。在这种风气下，基本上到中央大员下至七品县令皆是争先恐后地征收。更令人惊奇的是，这种近乎明抢的手法居然能够延续 100 余年。综上所述，财政想不出问题都难。

盐票与盐课

自古以来中国就有盐铁专卖的传统，盐在历朝历代都受到国家的严格管控，当然清朝也不例外。户部有个专门的山东清吏司，它可不是只管山东一地，而是掌管全国盐课的征收。另外，产盐之地也设有专门的管理机构，比如富饶的两淮地区，就有专门的盐政官。

不过，不同地区的产盐成本各有差异，质量也不一而足，并不能一概而论。比如靠海的地方能晒海盐，有盐湖的地方可晒池盐，打井能抽地下卤水的能取井盐，矿物质丰富的还能得岩盐，没这些条件的地方只得花大价钱去外地购盐。

为了不让某些投机盐商从中牟利，清朝沿用了从前的盐引。赁借户部颁发的盐引，才能在指定盐场购盐，再到指定地点贩卖，相当于一张食盐运销准许凭证。商人要向朝廷交钱换来盐引才能合法贩卖食盐，否则就是犯法。

为了维持盐政秩序，避免出现混乱局面，清政府还设置了若干盐引地。每个盐引地覆盖一至数个省，而且不能随便跨省，本省之盐只能在本省使用。

但是，问题也是显而易见的，本地人想吃外地盐就十分麻烦。而且盐引地的划分本身也不科学，身在湘鄂之地，因为属于两淮盐引地，就只能等盐从江南运来，而不能吃近在咫尺的四川井盐；靠近省界的人想吃隔壁盐引地的盐也不行，因为盐引不通用。可再严厉的刑罚也挡不住民众的口腹之欲，靠近隔壁盐引地的民众不可能放着便宜的外地盐不买，去买运费高昂的本地盐，所以一大批私盐贩子应运而生，清政府屡次打击都无法根除，成了盐政的一大顽症。

盐引的发放也有很多问题。因为本身有准入门槛，并不是人人都能拿到，再加上发放者的品行无法保证，垄断的情况就无法避免。当时，垄断了盐引的两淮盐商就是一个典型的例子。这些多来自徽州的商人们可谓富甲一方，当年乾隆皇帝下江南之时，扬州盐商就耗资数十万两为其修建行宫及享乐设施，一时风光无限。但是没过几年就出了"两淮盐引案"，从一起很小的舞弊案开始，最后揪出了几任两淮盐政及诸多盐商，涉案金额多达数千万两，一时震动整个朝野。

自那以后，清政府就加大了对盐商的管束，至少不再允许他们明目张胆地隐瞒收入。可盐政本身的问题，严重拖累了清政府的税收。道光皇帝登基不久，两淮盐区就出现了巨大亏空，如10年间积欠了6500万两白银，数不尽的私盐贩子遍布两淮各地，当地政府根本管不过来，以至于诸多盐商无盐可卖，场面相当凄惨。

危难之际，时任两江总督、总理两淮盐务的陶澍决心站出来改变现状。他仔细调查了当地的情况后，写了封《敬陈两淮盐务积弊附片》奏折上奏朝廷。折中历数两淮盐政弊端，但他并不是一味指责。后来，陶澍又上了封《再陈淮鹾积弊折子》的奏折，拿出了一套自己的解决措施。

道光十一年（1831年），陶澍开始对淮北盐区进行大刀阔斧的整改。但他的第一刀砍向的不是私盐贩子，而是两淮本地的盐商。在陶澍看来，这些过惯了舒服日子的盐商一个个都是"习惯淫侈，醉生梦死之徒"[1]，正因为不知自行经理，才让底下人随便糊弄，表面上又隐瞒掩饰实际情况，故意虚报奏销，甚至某些官船也参与到走私活动中。与他们相比，那些走私贩子都还算得上良心，至少他们不会从盐商那里拿钱。陶澍认为，当时两淮盐政如此败坏，与这些人的无德无能有巨大关系，如果任其发展下去，后果不堪设想。

他深知私盐贩子泛滥的根源，不从根本上解决问题，他们就如韭菜一样，割了一茬又一茬。针对这一情况，陶澍决定废止之前实行的盐引，改行盐票。盐票和盐引只是一字之差，却撼动了整个两淮盐商的基础。之前，清政府每年会根据两淮盐的产量与销售量制定一个"纲册"，规定每年盐引数，然后招商认引，满额即止。当然有资格获得盐引的盐商只有那么几家，中标非常容易，所以两淮盐商并不担心收益的问题。

但改行盐票就不一样了。按照陶澍的规定，盐票不论盐商的身份地位，只要交足盐课就可拿到，而且还是"随号呈验，当堂兑收"，程序

---

① ［清］陶澍：《陶澍集》上，岳麓书社1998年版，第155、160页。

十分清楚、简单。这么一来，之前没资格入场的中小盐商也有机会参与其中。只要有了盐票，他们就可以在规定区域内自由运销，省去了大量时间和成本。而且盐价由官府制定，商人不准随便抬价，之前靠垄断盐引发家致富的大盐商们失去了昔日特权，这对他们的实力是一个重大的打击。

但陶澍的手段还不止这些。官盐竞争不过私盐，成本居高不下是一个很重要的原因。各种烦琐陋规比比皆是，买盐引要交钱，运销途中还要收费，一路上大小衙门、差役伙夫、船工劳力都要付出成本，自然不可能在价格上取得优势。陶澍将裁汰陋规作为一项重要工作，把那些杂七杂八的费用砍掉大半，只要盐课交够各级官吏就不能随便伸手要钱，能跑一回路的也不用跑两回，有效降低了成本。

这一系列措施果真有效，不出数月，两淮盐价显著下降，盐商也有了更多干劲，私盐泛滥的情况也得到了有效遏止。见此情形，淮南乃至长芦、浙江、福建盐区都跑来学习先进经验，把这套做法学过去，都取得了不错的效果。

这样一来，旧有的本地盐引制也没办法继续维持，清政府又不可能全盘禁止民众从外地购盐，所以从咸丰以后，外省盐商到临近盐区贩盐就很少受到阻碍，只要交够过路费，就能顺利通过。

陶澍并不是最后一个改革者。咸丰十一年（1861 年），时任两江总督的曾国藩为了解决湘军的军费问题，再次把目光投向盐课这块大蛋糕。他专门设立了淮盐招商局，积极召集商人入股并发行盐票。不过价格可不便宜，大票 500 引，行销鄂、湘、赣等省；小票 120 引，行销安徽。而且商人运销最低也要一票，多则不限，不少没购票实力的中小盐商就只能被排除在外。

作为两淮盐商的坚定维护者，曾国藩对外地盐商大举"入侵"的局面十分不满，毕竟这关乎自己辖区的税收问题。为了维护自己的利益，他坚定地要求"重税邻私""严禁邻私"，甚至希望朝廷直接封掉四川井盐井灶，以断绝川盐输入。

对于这种只顾自己不顾他人的做法，四川总督十分不满，毕竟本省之盐对外出售，也能为己方提供财政收入。就连之后担任湖广总督的李鸿章也不情愿，明明川盐便宜，何必要食淮盐，养肥一批两淮盐商，于自己却无益处。最后经过讨论，双方达成一致意见，湖广地区的配额是淮八川二或淮七川三，总之川盐不能超过半数，这才暂时平息了纷争。

同治五年（1866 年），李鸿章又提出了"环运之法"。当时清水潭堤需要修缮，李鸿章就规定只有捐银修堤的人才能获得盐票，每票价值 400 两，相当于拿盐商的钱去修堤。虽然盐票价格不菲，但潜在收益巨大。因为购盐票者卖完盐后来年还能拿到盐票，并且一直可以拿到，相当于拥有一个专属身份。

显然这些措施都是有利于大盐商的。光绪二十七年（1901 年），朝廷规定"两淮盐票按年认捐本 10 万两，按引摊派"，再次出现票商垄断的局面。

漕银与漕运总督衙门

漕银也是重要的财政收入来源。自宋代以来，中国的经济重心已从北方转移到了南方，特别是东南沿海。要把这些地方的财政收入运抵京城就得走水路。开始运的是粮食，也就是漕粮，后来觉得不便，就折合成白银，即漕银。户部设立云南清吏司专门管辖漕政；淮安也有一个漕运总督衙门，总管漕银从征收到运输的全部流程。

漕运是大清帝国的命脉，南方富饶之地所产粮米源源不断地运抵京师，维持整个国家的运转。但这个运转了几百年的漕政体系却藏着巨大隐患。首先是费用问题。不管是漕务经费还是漕运定额，都是几十甚至上百年前定下的老规矩。地方物价和钱价都变了几轮，这些费用还没什么变化，一旦运河因战争断绝，超支就是难免的事。

其次是漕运长官推卸责任。若是漕运亏损，责任也会被归结为下属办事不力，或者是州县配合不力，自己并不会承担朝廷太多责难。而且漕运各级官吏都特别善于从船户商号那里收取规费，层层加码，让百姓苦不堪言。这样一来，漕运想不亏损都难。此外，河道长期淤塞，无人打理，过往船只宛如行于泥沼，运输费用增加，进一步提高了成本。

清王朝可不想坐视这条主动脉出现问题，自然也是想过补救之法，比如河运改海运，官运改商运。走海路可以免除狭小拥挤的河道限制，高挂云帆，破浪而行；官运制度老旧腐朽，就让以利驱动的商人来办理，以避陋规之害，可谓两全其美之法。

这个想法的确突破了以往的思维限制，明眼人都能看出来，这种做法可以有效地降低成本、节约时间。连魏源都称赞此法有利国、利民、利官、利商之"四利"和国便、民便、商便、官便、河便、漕便之"六便"。① 道光年间就试图在江苏进行漕粮海运，自黄浦江出海北上。

不过这一举措遭到了守旧派的重重阻拦。不管是漕运总督衙门、押运船工，还是整条线上靠运河吃饭的人，都不想丢了自己的饭碗，所以他们屡屡上奏朝廷，请求撤回成命。道光二十八年（1848 年），一件意想不到的教案令之前的海运设想付诸东流。这一年三月，几个英国传教

---

① ［清］魏源：《魏源集》下，中华书局 1976 年版，第 416 页。

士跑到江苏青浦县（今上海市青浦区）传教，结果与当地百姓起了冲突，最终在青浦县令的帮助下才得以逃脱。英国领事阿礼国借此大做文章，将其上升到国际争端的高度，然后直接把军舰开到了黄浦江口，漕船没法北上，京城的米价随之而涨。清政府只好同意惩处涉事官员，以换取英方解除封锁。此事过后，清政府再也不敢实行漕粮海运，只得回到老路上。

后来，因为南方太平天国和北方捻军的实力日趋壮大，漕运基本断绝，苏浙的漕粮都只能走海路抵达天津，总算在旧有的漕运体系上开了个口子，可其他省还是按照原有的路子走漕运。为了省去其中的麻烦，清政府要求其他有漕运的省份通通把漕粮折合成白银运输，一般每石漕粮能够折银三到五两。清政府完全可以拿这些钱在市场上甚至是洋人那里购买粮食，自海路运抵天津，以解决京城百姓的吃饭问题。在这种情况下，南方的漕粮就没那么重要了。

昔日繁忙的漕运总督如今成了摆设，在经历了一连串的变故之后，清政府也不得不重新审视漕运存在的必要性。到了光绪年间，朝廷已有意向将老旧腐朽的漕运制度直接废除。意识到自己即将失业的漕运总督恩寿大惊失色，赶忙带着一众衙役幕僚向朝廷抗议，甚至提议以自己的驻地淮安清江浦为中心，把江苏一分为二，单设一个江淮省，漕运总督衙门在此继续办公。当时的江苏省北边归江宁布政使管，驻地江宁府（今南京市）；南边归江苏布政使管，驻地苏州府，所以恩寿的这个提议并不突兀。

当时正值晚清新政，新设的督办政务处与之前的军机处职能分割不清，双方经常对着干。政务处对划分江淮省的提议颇有兴趣，最终仅用两个月的时间就通过了这项决议。光绪三十一年（1905 年）一月，清政府正式宣布了江淮省的成立，治下包括江宁、淮安、扬州、徐州四府和通州、海州两直隶州。此议一出，江苏省籍的官员顿时群情激愤，一方面是这一决定并未征求广泛意见；更重要的是这样一分，原本的江苏省实力大为削弱，不复昔日江南重镇的地位。

最后仅过了三个月，这一决议就被撤销，江淮省也随之消失在历史的长河中，漕运总督衙门试图复出的梦想自然也化为泡影。

户部银库亏空案

漕运改革的过程并没有持续太久，因为随着西方殖民者的到来，一切都改变了。鸦片的大量涌入让中国变成了瘾君子的"天堂"，同时白银的大规模流出也催生了钱荒。

当英军统帅义律率领军舰驶至广州港的时候，清朝君臣还没当一回事，只认为是蛮夷侵扰，结果现实却狠狠地打了清政府一巴掌。随后英军舰队一路北上，大清帝国这才手忙脚乱地进行抵抗，但没想到竟会遭到可耻的失败。英军一路航行到大沽口，清政府不得不派琦善出面进行和谈。

和谈的最终结果就是签订了我们熟知的《南京条约》。毫无疑问，以这样的条件结束战争是屈辱的，但未必是最糟糕的。早在战争之初，因为自家的船追不上也打不过英舰，林则徐便在广东修建了一系列防御工事，试图用以静制动的办法抵御入侵。不想英军一路北上，定海、镇海、宁波等地相继陷落。同时，又因为清军的兵力部署十分分散，沿海兵力不足，朝廷只能从内陆省份紧急调兵前往浙江支援。俗话说，兵马未动，粮草先行，要调动军队，总要供给军粮，保障充分的后勤供给，这可不是一笔小开支。结果路途实在太远，一直到战争结束，军队也没集结完毕。

在这场长达两年多的战争中，清朝军费支出高达 4000 万两白银，比《南京条约》所支付的赔款 2100 万银圆还要高出不少。军费和赔款两项加起来估计达 6000 多万两白银，相当于当时清政府一年多的财政收入。这也难怪清政府宁愿不要面子也要尽快结束战争，毕竟战争实在太烧钱了。为了少花点军费，为国库减轻点压力，清朝君臣不得不打碎了牙往肚里咽，接受这种屈辱性的条约。

没有人会想到，战争刚刚结束，一桩突如其来的小事竟会揭发出一起深藏于暗流之下的腐败大案……

道光二十二年（1842 年）十一月初二，有个叫张亨智的人想为自己的次子张利鸿报捐知州。此人在城里经营着一家万泰银号，于是就拿出 1 万多两白银送到户部报捐。正巧他的弟弟张诚保又是银库库丁，所以行事颇为方便。当时，张亨智的姐夫周二带着 11 袋银子来到银库，由于业务繁忙，一直等到晚上才开始交库。按照户部规定，银两入库时必须有人在旁边监视，逐一报数并登记在册，以免有偷漏之嫌。不过入库时，张诚保不知是有意还是无意，多报了入库的银两数，周二也是装聋作哑，很配合地完成了整个流程。结果是 11 袋银子只入库了 7 袋，余下的 4 袋被截留，大概 4100 两白银。

这种事在银库也不是一次两次，以往大家也就睁只眼闭只眼，但这次不知让哪个库丁说了出去。周二在回去的路上就被人堵住，强行索要封口费，否则就要报官。周二无奈之下掏了几百两银子，才得以走脱。回银号存好银子，本以为万事大吉，不曾想又有人直接找上门来敲诈勒索。张亨智可没那么好说话，直接就将其呵斥出去。结果就捅了娄子，几个没占到便宜的人便把此事上报给了官府。

衙门的人一看，大为惊诧，他们知道侵吞户部银款可不是个小案子，于是又将此案转交刑部。刚开始大家都没太当回事儿，在不少人看来，户部的银库亏空实在是司空见惯，这几千两白银也算不上大数目。调查了几个月也没实质性的结果，银库只是重申了规章制度而已。

可对于这件"小事"，偏偏有人就认真起来。当朝大学士潘世恩听闻此事，怒不可遏，满怀正义地向道光皇帝上了一封奏折，详细叙述了银库亏空案的来龙去脉，要求朝廷一定要严肃法纪，严惩此事。潘世恩的身份可不一般，他当时已经 74 岁，是经历过乾隆、嘉庆、道光的三朝元老，在朝中地位很高。这封奏折直达天听，道光皇帝读罢大为震怒，皇帝本人素来节俭，朝服都打着补丁，不承想眼皮子底下竟会出此丑闻，于是命令军机大臣与刑部严加查证。

查证的结果远远超出所有人的想象。刑部方面报告称实应存银约 1218.2 万两，而统计存贮各项实存银两约 292.9 万两，实际亏银约 925.3 万两。道光皇帝知道户部银库有亏空，但不知亏空已达到如此惊人的程度，贪婪的蛀虫几乎要把整个银库都给掏空了。

此时的清政府，外要赔偿鸦片战争的赔款，内要治理黄河决堤，正是财政最为紧张之时，户部却出了这么大一个窟窿。显然这么大的亏空数额不是一两个人在短时间内就能做到的，必然是积弊已深。道光皇帝在震怒之余责令刑部要严查到底，拔出萝卜带出泥，涉事官员共计 321 人。

以这起户部银库亏空案为起点，清政府开始了立国以来规模最为庞大的一次反腐运动。最开始就是追缴欠款，办案官员根据主犯的供述，一条一条地深挖。可这也只能解决目前的问题，以往几十年甚至上百年的亏空可没法一一登记造册。

于是道光帝想出一个法子，既然以往的管事者无法自证清白，干脆就默认他们都有责任。从嘉庆五年至道光二十三年（1800—1843 年）间的所有库官和查库御史都要按在任期间每月 1200 两的额度罚款，历任管库大臣每月罚银 500 两白银，查库大臣 6000 两白银，已故者减半。到最后，因为要查的人太多，连办案的人都不够，只好让他们暂且革职留任，以戴罪之身查罪。

当然还有追缴库丁、增加库银特别税等措施，希望能尽量弥补亏空。但现实情况是，即使采取了如此激烈的措施，总共追缴回来的银两也不到亏空额的一半，只能说勉强填补了一点窟窿。

恐怕连大清帝国的统治者也无法预料，这么一个看似普通的小事竟会引起如此轩然大波，大树的根须已经悄然腐烂，这起事件也不过揭开了冰山一角。更多更复杂的问题，已经不再是皇帝本人能够解决的了。对于自己的银库都不能做到有效监管，就更不必说对底下各级官僚的实际控制了。清朝这个庞然大物，已经有了瓦解的迹象。

残酷的"土客之争"

道光三十年（1850 年）正月，一直在想办法堵窟窿的道光皇帝于北京驾崩。他的离开结束了一个旧时代，也开启了一个新时代。当时年仅 19 岁的皇太子奕詝登上帝位，并于第二年改元咸丰。也就在这一年，一个叫洪秀全的人在广西金田发动旨在推翻清政府统治的起义，这场起义大火很快便燃至全国。

太平天国运动的爆发植根于当地极为严峻的生存环境。在整个中国南方地区，民间有两大集团：一方是土家人，也就是很久以前就定居在本地的土著人；还有一方是客家人，他们的祖先为避战乱灾荒从遥远的北方迁徙至此。经济较为富足的南方吸引了四面八方的外地人，但土家人与客家人互相看不顺眼。前者认为后者在抢夺自己的生存资源，为求生存，他们不得不奋起反抗。

其实，很多本地人也不过是早点儿到来的客家人罢了，双方并无本质区别。但在资源困窘的情况下，矛盾就不可避免地激烈起来，基本上每年都会发生各种围绕着水源、耕地或其他财产的冲突。而且不同于一般的小打小闹，由于南方常常以大姓聚居，双方常常以整村为单位，出动人数少则几十，多则数千。人人手持自制的竹枪、长矛，甚至还有火药枪，械斗规模堪比小型战役。即使"敌人"可能只是相隔一条沟壑的邻村村民，但在群体意识的煽动下，不会有人顾及邻里之情。在经年累月的仇恨渲染下，矛盾只会愈加严重。

洪秀全就生长在这样一个矛盾与冲突的地方。

生于广东花县的客家人洪秀全很早便感受到外界的压力。他自小接受传统儒家教育，熟读四书五经，19岁便被一家乡村私塾聘作老师，不过他并不甘心在偏僻的乡村中教书。道光九年至二十三年（1829—1843年），洪秀全连续4次考科举，都不幸名落孙山。失意的洪秀全只好寄意宗教，但偶然间得到了一本基督教宣传小册——《劝世良言》，便走上了传教的道路，之后他又成立了拜上帝会。

洪秀全的事业拐点发生在广西。在大山之中，本来能够耕种的土地就不多，再加上人口无节制地增长，普通农民的生存状况极为严峻，这为起义的爆发提供了绝佳的土壤。而广西的客家人境地更为糟糕，他们不仅面临官府无休止的压榨，还要忍受来自本地人的歧视与排挤，佃农、雇工和普通矿工成了客家人最为集中的几大职业。

正所谓哪里有压迫，哪里就会有反抗。客家人当然想要改变自己的命运，拜上帝会恰好迎合了他们的心里需求，两者自然而然地结合在一起，拜上帝会在广西的规模愈加壮大。在拜上帝会教堂的大门口，每天都能看到大批客家人扶老携幼，带着大包小包的财物前来投奔。除了首领洪秀全之外，冯云山、杨秀清、韦昌辉、石达开等拜上帝会的主要人物也都是来自广东的客家人。

事已至此，基本上广西的客家人只有两种身份：一是拜上帝会的教徒，二是拜上帝会的支持者。他们绝不会放弃任何一个可以改变命运的机会，在多种因素的汇聚下，"以武力讨回公道"逐渐成为众人共同的呼声。

煅打的铁水已经通红，起义的号角即将吹响。当时的人谁都没有想到，这会是一场席卷大半个中国的起义运动。当时广西的盗匪多如牛毛，拜上帝会起事之初，清政府并没把它当回事。

这些打着"太平军"旗号的军队四处攻城略地，自广西而起，经湖南、湖北、江西、安徽等省，势如破竹地一路向北推进，最终定都南京，并将南京改名为天京。太平军所到之处摧枯拉朽，无情地撕开了清军衰弱的遮羞布。之前尚可以找理由说是洋人船坚炮利，不能与之敌，现在被一群不识刀兵的农民打败，清军各路将帅还能做何辩解？

在整场战争中，清军的表现更是受到各国使节的无情嘲笑。一路上清军都被太平军带着跑，围追堵截屡屡被其突破，精心布置的防线也如纸糊一般一戳就破。洋人看到清军拙劣的战术表现，对清政府更加失望。他们希望中国有一个既能够维护列强利益又不至于一戳就倒的有力政府。

现在一群"土匪"居然能将正规军打得一溃千里，并占据半壁江山，这突破了西方人对清军战斗力想象的下限。面对这种情况，他们认为两头下注更有利于自己的利益，所以转头和太平军接洽，希望能向这个清政府最大的敌人出售武器，以达到介入太平天国内部事务，甚至扶植起一个新代理人的目的。不过，这些来自岭南山坳的客家人并没有清政府这般好说话，他们断然拒绝了英国公使的建议。

丢了面子的英国人并不甘心，所以选择继续支持清政府组建"洋枪队"，共同打击大清帝国内部的"反叛势力"。双方拉锯十数年，原本富庶的江南大地化作一片焦土，无数人背井离乡，颠沛流离。

时人常谓岭南之人好勇斗狠，不服教化。可现实是，残酷的生存条件似乎剥夺了一切美好的品德，生存的压力逼迫所有人不得不倾尽一切夺取生存资源。这些事情，朝中的王公贵胄恐怕看不见，也无法想象。广西的匪患历经整个清末、民国都未能得到彻底解决，其根本原因还在于经济上的不可调控。

厘金的诞生

为了应付层出不穷的内忧外患，库银大量支出。道光三十年（1850 年），户部的存银总共只剩下 800 多万两。[1] 相较于以前，已不能用窘迫来形容，更准确地说应该算是一穷二白。现在太平天国又席卷全国，清政府实在是无力支撑，只能另想办法。

为筹措钱粮，清政府采取的手段有加派田赋、漕粮、盐课，或者勒令捐输，又或者加征新税，如鸦片烟税等。可当时田亩荒废、漕运枯竭，人丁流离四方，财政已陷入山穷水尽的地步。清政府发现农民的钱收不上，又转而向商人下手，厘金就此诞生。这是清政府敛财的一大发明。

厘金的诞生来自一次偶然尝试。咸丰三年（1853 年），扬州江北大营帮办军务的刑部侍郎雷以诚刚刚到任，就发现局势危急远超自己想象。作为防范太平军的前沿阵地，此处的防务漏洞多得像筛子一

---

[1] 中国人民银行总行参事室金融史料组编：《中国近代货币史资料》第一辑，中华书局 1964 年版，第 171 页。

样，根本不能阻挡敌人的进攻。究其原因还是兵力太少，可府库哪有这么多钱养兵呢？雷以诚便发明了一种新的捐纳之法，即米商每销售1石米需缴纳50文钱。扬州为江南产米之地，各大米店鳞次栉比，以这些大米商的身家来说，每石米捐钱50文不是难事，算下来一升也就半文而已。

这一做法成功了。由于数额较少，商人并不排斥，所以很快就完成了捐厘助饷的目标。受成功的鼓舞，第二年雷以诚专门写了封《请推广厘捐助饷疏》上报清廷，报告自己在扬州成功筹款的经验，认为这种经验值得各地效仿，按照"值百抽一"的税率让商贾捐款。值百抽一的"一"为一厘，故这种新捐也被称作厘捐。[①]

此时的大清帝国正被太平军搅得焦头烂额，3年间仅军费开支就高达3000万两白银，为筹措镇压太平军的军饷，简直可以说是无所不用其极。看到雷以诚的这封报告，咸丰皇帝龙颜大悦，立即督促江北大营按照实际情况斟酌办理。这实际上默认了厘金制度的推广。

可能连雷以诚自己也没有意识到，他无意中的这一举动，竟会开了中国税收史上对商人征税之先河。在此之前，清政府都秉持着重农抑商的政策，把农民当成肥硕的绵羊，从他们身上拼命地榨取价值。毕竟作为一个名副其实的传统农业国，几乎所有的收益都产自土地。可是洋人一打进来，整个形势就彻底变了，清政府从他们身上学到了商业税的妙用，第一次意识到原来商人身上也有这么多利益。之前清政府虽然也有商税，但征收额度相较于正税来说极低。现在有了新的案例，于是终于开始转变旧有的思路，尝试以收取商税的方式填补财政亏损。

---

① ［清］王树敏、王延熙：《皇朝道咸同光奏议》卷三十七，文海出版社1969年版，第1985页。

因其便利和高效，此后厘金制度迅速风行全国。厘金最初分行厘和坐厘，因为两者一动一静，故也称之为活厘与板厘。前者为通过税，征于转运中的货物，抽之于行商；后者为交易税，在产地或销地征收，抽之于坐贾。捐纳系统庞杂，且厘捐名目繁多，见货即征，不问巨细，"举凡一切贫富人民自出生到死亡，日用所需之物，无一不在被课之列"。毫无疑问，这种办法一定会对工商业造成极大抑制，严重摧残商品经济发展，因此也是清代著名恶政之一。

清咸丰三年至民国20年（1853—1931年），厘金制度实行了整整78年。这种本来只是用作应急的税种竟有如此强大的生命力，自有其特别的原因。大清帝国一直都有捐输和报效的传统，商贾为国家出力被视为一项正当的义务，而且按照厘金的规定，"值百抽一"似乎也不会造成特别大的负担。

可实际情况是，厘金制度刚刚实行，就遭到了从上到下的一致反对。不少官员都上奏抗议，表示苛捐太多，影响商民生计，至少也要整顿厘金，不要给老百姓增加那么多负担。普通老百姓承受风险能力太弱，腰缠万贯的大商人掏出1%不见得有什么负担，但被苛捐杂税压得喘不过气来的小商人本就处在破产边缘，1%的捐很有可能成为压垮骆驼的最后一根稻草。

更何况，清政府嘴上说着"劝厘助饷"，可怎么个"劝"法？谁都明白这厘捐不是靠劝才能征来的，非要有强制措施才行，所以厘金制度实行起来就变了味道。

厘金出现以来，普适性超强。它如同万金油一般，各个将领督抚只要遇到粮饷短缺的问题，就会祭出这个"法宝"，所以一夜之间，围绕太平天国的势力范围，周边各地冒出大批厘卡，但凡有商贾经过，皆雁过拔毛。更神奇的是，这些厘卡之间居然还互不统属，各自为政，"一处而设数卡，一卡而分数局"。往左边走可能是江北大营所设，往右边走可能是江南大营所置，再往前走十里可能就会看到漕运总督衙门的厘卡……

如此种种，五花八门的厘卡把整个江南地区搅得民怨沸腾。毕竟过路费是不可能一次付清的，过一卡征一次，一路要征十余次，等到了目的地，恐怕资金也所剩无几了，自然无从开展商业活动。

更有甚者，还在厘金的基础上搞出了更多新花样。仅仅是对商贾收取厘金已经不能满足清政府的需求了，其他各种稀奇古怪的捐税也要加上。比如运米要收米捐，过船要收船捐，建房要收房捐，运茶、运丝乃至运送各种货物都要征收百货厘捐。不得不说，在敛财一事上，设卡者充分发挥了自己丰富的想象力。

既然说按照具体情况斟酌办理，那执行标准自然有所不同。大部分地区早就把"值百抽一"的规定忘到脑后，直接以 2% 的税率开征，甚至还有地区在此基础上继续翻倍。比如上海地区就是出于发达的商业经济原因，税率就达到了 3%—4%，是全国最高的。[1]

对于从事出口贸易的商人来说，厘金就如同拦路虎一般，尤其为他们深恶痛绝。鸦片战争之前，大清帝国的拳头产品——茶叶远销海外，是清帝国一张闪亮的名片；如今茶商出口茶叶，不仅每百斤要交二两五钱的关税，还有一路上遭到各种厘捐的困扰。反观印度、锡兰的红茶，连出口税都不征收，其他各地的茶叶也不会有比中国更高的成本[2]。此消彼长，中国茶叶在海外市场的多年耕耘就这样毁于一旦。

---

① 彭泽益：《十九世纪后半期的中国财政与经济》，人民出版社 1983 年版，第 158 页。

② 彭泽益编：《中国近代手工业史资料》第二卷，生活·读书·新知三联书店 1957 年版，第 311 页。

此外，还存在一种特殊的商品厘捐。最典型的就是盐和鸦片，前者为国家重点管控的战略物资，后者是想禁又禁不了，只能任其流毒的特别"药品"。这两者的税率，比普通商品要高出数倍，有的时候甚至能让商贩入不敷出，堪称一种杀伤力巨大的武器。

当时，作为产盐重地的两淮地区受损最为惨重，盐厘达到了成本的1/4甚至一半。这种情况下对外销售几乎成了必定亏损的买卖，以至于昔日繁盛喧闹的两淮盐场竟然少有商人来往。至于盐价暴涨和老百姓的吃盐问题，设立厘卡者并不会在意。

普通民众受厘金所害者不知凡几，受损最为严重的就是中小商人和小手工业者了。他们几乎没有太多的抗风险能力，本来就生计艰难，如今处境更加窘迫，在他们眼中这厘卡卡的不是银子，而是他们的命。于是，不少小商贩抱着鱼死网破的心态，轻则罢工罢市，重则暴力抗检，用拳头发泄自己郁积已久的怒火，制造了不少群体暴力事件。

厘金制度让地方乌烟瘴气，清政府是否想过应对之法？事实上，由于各地的不满情绪太过激烈，清政府的确考虑过裁撤厘卡、缩减厘金的办法。但这也只是出于安抚人心的考虑，包括咸丰帝本人在内，朝野上下都没拿厘金当正事。按照他们的看法，明明只是按"值百抽一"的税率抽取而已，远不及正税，要不然为何叫"厘捐"而非"厘税"？这些"刁民"竟还是不依不饶、得寸进尺，实在没有道理。

更何况，厘金一事也关乎各地督抚的腰包，解决起来远非那么容易。在厘金制度中获益最多的就是地方官员，各地林立的厘金局以及厘卡源源不绝地为他们贡献收入，他们岂能轻易地放弃自己的利益？在整个太平天国运动时期，厘金平均每年都能为财政贡献超过1000万两白银[1]。这些钱很大一部分花在对太平天国的战争上，军费支出近半数来自厘金。

厘金如此重要，清政府干脆就甩袖子不管了——反正地方收入也有相当一部分要上缴朝廷，何必要跟钱过不去？但负责征收厘金的官员恐怕没想到，作为厘金征收的重要地区，整个江淮大地都被搅得天翻地覆，太平军来了要"捉清妖"，官军来了又要就地筹饷，再刮一层地皮。百姓没了活路，只好自求生机，有的落草为寇，有的当兵吃粮。朝廷发不出粮饷，他们就只能投靠相较而言条件更好的太平军。所以太平军越剿越多，花费也越来越大，最终成为清帝国的心腹之患。

虽然名为战时临时捐税，实际上镇压太平天国之后，厘金制度也没有半分收敛的意思，反倒愈演愈烈。一大批新的支出都需要厘金的支持，如洋务、赔款、铁路等。需要花钱的地方太多，清政府自然不想放弃这个宝贵的金山，甚至将它抬上不亚于正税的位置，算是变相承认了厘金的合法地位。

显然，清政府完全忽视了厘金的巨大隐患，这种制度对商业的摧残非常严重，为本国商品的滞销和外国商品的长驱直入提供了巨大"便利"，因此而造成的损失远高于清政府从中获得的一点点收益，完全是得不偿失。

裁厘的呼声

正因为厘金的损害如此之大，裁厘的呼声从厘金诞生以来就未停止

---

① 罗玉东：《中国厘金史》下，商务印书馆 2010 年版，第 38 页。

过。除了受害最深的商人以外，洋务派、维新派乃至后来的革命派都对这种恶政深恶痛绝。理由也很简单，厘金对工商业的破坏绝不仅是征收的那一点捐税，而是涉及整个商业活动。

在清帝国末期，稍微开明点儿的人士都倡导和西方帝国主义国家打"商战"，而厘金这种损己利人的税种无时无刻不在威胁着他们的后方。商品卖不出去，就等于打仗没有子弹，战败是迟早的事情。所以不管是于国于己，支持工商业发展的人士都有充分的理由抵制厘金。

自太平天国运动以后，厘金又流行中国数十年，其间虽然裁了一些难以管理的偏远厘卡，但大多数有收益的厘卡还是保留了下来。因为有很多人要靠它们吃饭，想要彻底根除根本不切实际。所以如何真正地改造厘金，至少不使其继续危害商民利益便成为众人议论的焦点。大家提出的建议主要有"改厘为税""改收统厘"等。

江西是第一个响应试办统捐的省份，光绪二十九年（1903年），江西对省内需求量大的货物试办统捐。只收取法定的数额，余者不再追加，更不能随便补抽，收到了不错的效果，并获得商民的一致欢迎。江西巡抚、布政使柯逢时将这一结果上报户部，引起朝廷的重视。慈禧太后早就看这些地方实力派不顺眼，厘金收入由于地点分散且难以管理，逐渐成为地方官员的私人小金库，朝廷屡次查账都查不清楚，这也成为地方屡次敢于和朝廷叫板的原因。

如今江西开了这个头，朝廷就有理由正式推行，而且办法也很简单。如果运送货物到外省，只需要一次性把各厘卡的厘金交齐，一路上就不用增加额外的支出。这当然能够节省大量人力物力，减少不必要的开支。虽然户部吩咐下去，让各省一体遵行，不过大家的反应并不积极。只是应付差事，效果不敢恭维。

督抚们拿来应付的理由可谓五花八门。有的说，近的倒还好办，若距离太远又该如何？一路上厘卡这么多，想要统计清楚哪有这么容易？有的认为，运输商品的道路并不平坦，一路上不管是土匪还是自然灾害，各种突发情况层出不穷，遇到这种情况，除了绕路或原路返回别无他法。少缴的捐尚且能事后补上，多交的捐还能指望厘局从嘴里吐出来？为了保护商户利益，厘金统捐时机尚不成熟，"推求利弊，必使商情不致重困，然后再议改办统捐"。[①] 这实在是强盗逻辑，征厘金时没考虑商户利益，反倒在裁厘时为商人大声鸣冤，无非惦记着自己的钱包。

江浙地区商业繁盛，商人的腰板也挺直很多，但也没好到哪里去。当地官府觉得，既然不让自己多收，就把收捐之权让予商人，自己从中收税就好，这样总不至于再受苛责。于是，各行各业的同业公会组织起来，在行业内设立认捐公所，由他们代替厘局收取厘金。而这些认捐公所的主事者们对其他商人并不手软，收捐力度不亚于官府，搞得商户深感自己上当受骗，大骂认捐公所存心坑人。最后在一片反对声中，裁厘的措施到底还是没有维持下去。

在一众不求有功但求无过的地方督抚中，也有表现不错的"优等生"，如湖广总督张之洞。他清楚地意识到，裁撤厘金有益于国，更有利于民众，各省光顾着打自己的小算盘只会贻误大局、伤及己身，故对这种敷衍态度很看不惯。所以在张之洞的努力下，湖北的改设统捐工作做得尤为出色，共计裁撤29个厘卡，所有货物只在起始处征一次，此后不管沿途经过多少个，都不用重复征税，还革除掉不少其间藏匿的灰色地带，体现出张之洞裁厘的决心。

---

① 见《两广总督岑广东巡抚张会奏商情不顺暂缓改办统捐折》，现藏于中国第一历史档案馆。

仅这些还不够，为了避免某些人偷耍小聪明，张之洞还精心设计了一种四联统捐票，每个湖北或者进入湖北的商人都备一张。捐票分作收执、查验、缴核、存根四联，商人自己一张，在湖北第一次查验留一张，厘局填票后上缴总局一张，局里备案再留一张。基本上各个环节所缴金额都有查验，谁吃拿卡要，谁中饱私囊，一目了然。

看似普通的裁厘之事为何就那么艰难？实际上各省督抚也有自己的苦衷。裁厘不是撤掉几个厘局就能解决的事情，背后牵扯到的利益关系千丝万缕，远不是几个人可以轻易撼动的。即使声名显赫如张之洞，也遇到前所未有的阻力，完全是靠着强大的毅力与决心才勉强推行下去。湖北如此，其他各省的结果就可想而知了，大多是嘴上说着要搞统捐，只需纳厘一次就不需再缴，其余厘卡只可作查验之用，实际操作起来却是另一回事，厘局照样存在，顶多少了些交钱的手续，但实际上该缴的钱一分不少。

晚清的立宪派作为工商业者的代言人，以裁厘之事为由，屡屡拿来说事，与守旧派斗得不可开交。领袖张謇对厘金尤其厌恶，他更希望以"认捐"的形式来解决问题，要把原先的厘卡全部裁撤干净，由商人代管。不过在当时的政治局势下，这种想法简直是异想天开，地方官员自己都指望厘金多捞些利益，岂能允许地位低下的商人置喙。双方的争斗历经数年，直至清朝灭亡也没能解决。

厘捐说到底还是一种捐输形式，跟正常的商税是有所区别，两者并不能同等看待。一般的商税由榷关收取，多在交通枢纽之处，对来往商船马车征收一定数额之税，是名正言顺的正税，"纳税有定额而不容太苛，支销有限制而不容冒滥"①。可厘金就麻烦得多，就像通

---

① ［清］戈靖：《奏为缕陈各省厘金利弊拟请援照关税报部折（光绪六年十月二十六日）》，现藏于中国第一历史档案馆。

过另类渠道得来的灰色收入，名不正言不顺，却遍地都是。朝野上下无人不知，说是"值百抽一"，实际上抽取数额远高于此，根本没个准则。在商人眼里，厘卡与土匪的唯一区别就是过卡不用担心遭杀身之祸。

讽刺的是，这些对商人的危害恰恰是厘金制度在中国大行其道的原因。不拘形式、不限条例、因地制宜是厘卡得以实现遍地开花的重要法宝。朝廷很清楚这一点，所以将其与正式商税区分开来。

自始至终，厘金都处于一种"名不正言不顺"的尴尬境地。如果能真正纳入商税，把厘局改成榷关，裁撤多余卡点，统一到正税的轨道里，岂不是两全其美的办法？可现实当然没那么简单，厘金的成功正在于它的无序，如要将它纳入有序的轨道，那能够操作的空间势必会大大减少，反而不符合主事者的利益，因此裁撤厘金的事情在地方上遭到很大的阻力，迟迟没能真正推行。

太平天国运动以后，围绕着厘金收入的归属问题，朝廷和地方官员整整打了几十年的"嘴仗"。围绕着裁厘卡、降厘捐这个老生常谈的问题，朝廷一遍遍清查，地方一次次隐匿，双方如同猫和老鼠一样，终清一世，都没能真正地被解决过。

荼毒中华大地的鸦片

19世纪中后期，鸦片流毒于中国的形势已无可逆转，特别在鸦片战争后，清政府再不敢随便禁烟。打又打不过，禁又禁不了，朝廷只好采用"曲线救国"的法子，那就是对鸦片征税。加征到民众无法吸食的地步，自然就能收到禁烟的效果，还能大大增加财政收入。

清政府美其名曰"以征为禁"，实际上就是掩耳盗铃，允许毒品合法化。最早是咸丰四年（1854 年）以鸦片厘金的形式在江苏开征，一时间大家全然忘记了鸦片带给国家及民族的惨痛记忆，其他沿海地区也效仿起来。

咸丰八年（1858 年），中英签订《天津条约》。英国为了保持自己的商品继续在华倾销态势，规定洋货输入内地只需缴纳 2.5% 的子口税，其他包括厘金在内的各项内地税全部可以免除。这对于外国商品来说当然是个大好事。

而且在《通商章程善后条约》里，鸦片也借着"洋药"的名头在中国大行其道，鸦片贸易随后也取得合法化的地位，这个条约为各国的鸦片进入中国大开方便之门。但鸦片毕竟是毒品，就算再怎么冠上"药"的名头，对人的身心危害也有目共睹。鸦片利润之高实在令人发指，清政府也想从中抽成，所以鸦片虽受子口税限制，进入内地之后，能从中攫取多少"洋药捐"就看各地督抚的手段了。

即使已经取得如此特权，英国人还是很不满意，他们向清政府提出严正抗议，这倒不是他们关心中国人的身体健康，而是因为"洋药捐"太高，会影响鸦片的销售，进而威胁到英国的利益。所以，中英双方围绕鸦片厘金收多少的问题，展开了一场场唇枪舌剑般的讨论，最后在光绪十一年（1885 年），清朝使臣曾纪泽远赴伦敦与英方达成《烟台条约续增专条》，明确每百斤鸦片，除 30 两白银的海关正税之外，只需缴纳不超过 80 两白银的厘金就能顺利进口，这才结束了这场长达 20 多年的争论。

此后，鸦片在中国日益泛滥，主管海关的英国人赫德还将此事作为自己的一大政绩。因为海关是英国人在管理，不管是哪个国家进口的鸦片，只要能从中抽税，都有利于英国的利益。至于普通中国民众会因此遭受怎样的荼毒，并没有太多人在意。

如果买不起价格昂贵的洋烟，老百姓还可以选择本地土烟。本地的土烟价格较低，毕竟运输距离的大大缩短显著降低了成本，但真正使其被大众接受的原因在于土产鸦片种植面积广。

罂粟在国内泛滥的速度比洋人攻城略地的速度更快。19世纪50年代时，种植面积尚局限于云、贵、川等地，很难为外人所知。但在地方督抚发现罂粟可大肆敛财后，这种美丽而妖艳的植物便迅速扩展到大江南北，几乎除了新疆、西藏等偏远省份，每个省份都能见到它的影子。

到后来，土烟的产量已经远远超过洋烟，清廷干脆直接在湖北设立土药统税大臣一职用以管理，其他省份设分局。这些土烟每百斤可以提供30—40两白银的"土药捐"[1]，对于地方财政收入可谓"厥功甚伟"，而且这个税率较之洋烟要低不少，有力地挤占了洋烟生存空间。

鸦片的危害人所共知，几十年来要求禁绝的声音屡屡出现，可一直没收到太大效果，原因很简单，就是其中利益太过诱人。在清朝的最后几年，土洋药捐加起来甚至占到财政总收入的1/10[2]，是个相当庞大的数字。

但利润再大，在严峻的形势面前，清政府也不得不面对现实。进入20世纪之后，基本所有人都已认识到鸦片的危害至深。而且，即使不考虑民众的呼吁，面对外在舆论的压迫，清政府也只能选择妥协。

此时的清帝国种种弊端已经到了积重难返的地步，重疾正需猛药，在光绪三十二年（1906年）的新政时期，清政府终于打算拿鸦片这个硬茬开刀了。清政府首先与英国政府商议，要在两年后将印度输华鸦片数量减少10%。这一想法立刻得到了英国的同意，彼时的英国

---

① 罗玉东：《中国厘金史》下，商务印书馆2010年版，第416页。
② 黄天华：《中国税收制度史》，中国财经出版社2009年版，第626页。

已露颓势，美国后来者居上，英国正需要保住自己的形象，故而中英很快达成一致意见。对于土烟试行统税，英国直接猛涨到每百斤征百两以上。

宣统元年（1909 年）二月一日，新帝刚刚即位，盛大的万国禁烟会在上海隆重召开，中、美、英、法、德、日等十几个国家代表会聚一堂，商讨禁种、禁吸、禁运鸦片的重要议题，揭开了国际联合反毒禁毒的序幕。中国国内十几个省也很配合地拿出了自己的禁烟方案，主要办法还是加税。这次的力度更大，直接加至 230 两，基本堵死了农民贩卖土烟鸦片的路。

民政部和度支部信心十足地说，要在 8 年内实现逐步减产鸦片直至完全禁绝的目标，不过没过几年，清帝国就亡了，而这一设想也未能得到施行。

搜刮之法

前文提到的解决财政困难的方法仅仅是看得见的手段，看不见的手段就更是五花八门了。比如征收赋税时以银代实物，又比如发纸钞、制大钱，规定以含铜较低的大钱兑换更多制钱。清政府实行以银代实物、发纸钞、制大钱等的主要目的就从市场上搜刮更多财富，结果市场上银贵铜贱的趋势进一步加深，物价飞涨，百业凋敝，人民生活更为困顿。

还有一种办法就是鼓励"捐纳"。说是捐纳，实际上就是拿出更多的功名与官职供士绅购买。这种公开买官卖官的形式自古以来就不鲜见，每逢国家财政危机的时候，封建王朝就习惯性地用这种办法获取资金。

捐纳在清朝是和科举一样正式的当官途径，由于通过科举入仕实在太过困难。

为了不断绝这些人的当官梦，花钱买官就成了清政府给那些想要当官又缺乏能力的人准备的另一条路。在当时的社会条件下，赚钱可要比死读书容易多了，不少商人豪绅为了"光宗耀祖"，都不惜耗费巨资，以求博得一个功名。当然相对于科举入仕的"正途"，走这种"异途"所得的官职含金量就远远不足了。当然，为了避免出现大量庸官在任上胡作非为，清政府并不会给出太多实职，基本上以虚职为主，所以还能够基本维持官僚系统的秩序稳定。

不想花这么多钱买个虚职也没关系，还有一种办法能帮考生走"正途"入仕，那就是花钱买生员名额。这些名额在各省都有固定指标，很难增减，现在清政府为了筹钱，准许府州县学可以花 2000 两白银买学额，每省能拿 10 万两白银买个乡试中举名额。[①]地方官员为了增加本地中举人数，捞到更多政绩，也只好咬牙从兜里挤出一点银子。

不过买官卖官这种事，只有有和无的区别，没有多和少的差距。在尝到了捐纳带来的好处之后，卖官的口子只会越开越大。在遭遇了一连串的财政危机之后，清政府终于为买官卖官之事大开方便之门。但乌纱帽子一旦发多了，质量自然就会严重缩水。

除此之外，还有一些临时性收入。比如国家遇到灾荒或者战乱等急需用钱的时候，一些大商人就会拿出资金予以支援，美其名曰"报效银"，到底是忠心为国还是官府强令就不得而知了。其中最主要的出力者就是两淮盐商，他们坐拥大小盐场，实力雄厚。昔日康乾时期皇帝数

---

① 《清实录·文宗实录》卷八十九。

次南巡，盐商就贡献了不少银子，可以看出他们在国家政治中的作用。当然朝廷也不会白拿他们的报效银，多少还会给一定的补偿，比如减免盐商的税收、以高于市场价的价格收购，或是封个小官抚慰人心。某种程度上来说，虽是捐赠，但因为有中央政府的信用作保证，倒还不至于太过苛刻，甚至有时还能搭上官府的大船赚上一笔。

地方势力坐大

清政府实在负担不起庞大的开支，只得下放财权。简单来说，就是国家负担不起繁重的钱粮开支，干脆让地方督抚自己解决，拿多拿少全凭本事，清政府美其名曰："以本省之钱粮，作为本省之军需。"户部还专门发放空白凭证作为劝捐的依据，让交捐人自行领用并填写登记，当然这同样成了地方官员随意加捐的理由。

湘淮军算是响应清政府号召最积极的一群人，战时为便宜行事，清廷准许统兵大员自行筹饷募兵。曾国藩的湘军首先自设粮台，庶务皆出将帅一人意旨，根本没有户部插手的余地。之后，个例渐为常例，临时变成常设，善后局、报销局、筹款局、支应局等也一并出现。以前没有权力征收的附加税现在都有理由加征了，而且这些新增捐税并没有数量限制。地方督抚大可以按照需要制定征收标准，至于老百姓的意见，并没多少人关心。

但清政府还是小看了地方督抚的腐败能力。直到户部报告称，地方解运款项日渐稀少，咸丰帝才意识到大事不妙。原来是地方的漕粮还有盐课等，不少都让督抚私自给截留了，户部派人去要却碰了一鼻子灰。地方督抚声称，如今大敌当前，国家危难，这些宝贵的资金要用在最需要的前线，非是不愿，实是不可。面对五花八门的推脱理由，朝廷又不能强要，只能忍气吞声，等太平天国运动结束再做打算。

面对如此困局，哪还有人顾及清政府的难处？朝廷对地方上的情况也是一头雾水，摸不清楚地方虚实。朝中要用钱可是却不信任地方，所以咸丰帝改变了以往各省入库后再上报拨付京饷的规定，改成入库前就向户部上报指标，以免有人从中做手脚。清政府并不信任地方官员给出的收入数据，一改以往按余征拨的规矩，不管地方府库有无盈余，直接按照指标从地方要钱。①

虽然本意是维持足够的京饷，但这一招实在致命。财政有所盈余的省份倒还好说，因战乱灾荒等情况而财政窘迫的省份就十分麻烦了。他们有的连赈灾款项都凑不齐，还要应付皇帝的差事，实在是无计可施。自咸丰颁布指标之后，几乎每年都会遇到大批地方款项不能凑齐运抵京师的情况，而且数额还与年俱增。其中固然有太平军阻隔交通、运输不便的原因，但更多的却是地方无力满足朝廷要求，只能勉力维持现状。

户部催缴的命令如雪花般飞向各方，"勒限某月尽数解部交纳，以清款项"②"赶紧依限报解，并著分别补解"③"解不及半，或丝毫未解"④的表述充斥于各种文书之中，可见其急迫的心情。但清政府也不能暴力讨债，只期望国内战事早日结束，尽快恢复户部的正常收支。

京饷收入尚且如此，用于财政再分配的协饷就更不必说了。户部自己都收不上银子，哪还顾得了其他？所以，云、贵、甘、陕等靠中央拨

---

① 《清实录·文宗实录》卷一一三。
② 《清朝续文献通考》卷六十九。
③ 《清实录·德宗实录》卷八。
④ 《清实录·穆宗实录》卷三一六。

付协饷吃饭的省份就十分窘迫，面临更为恶劣的财政危机。

这形成一个恶性循环，财政稍显富裕的省份或因战乱影响，或由于督抚私心，基本很难按时按量运抵京师。户部没钱周转，就不能拨付资金救济财政窘迫省份。所以，边远省份为了不被饿死，只能想法自救，比如从农民身上榨取资金。而那些不甘于官府压榨者就会沦为山贼盗匪，进一步加大了治安支出，以致财政问题愈加严重。

清王朝治下已然混乱不堪，以前持续了上百年的奏销制度也基本成了摆设。200多年来，清政府一直依靠这种审计方法来维持帝国庞大而高效的财政机器正常运转。可如今这台机器却出现多重老旧锈蚀乃至子系统各行其是的现象，奏销制度也自然变得运转不灵了。

以往一省一地按照规范定期上报，中央再照其数据进行核查即可。现在地方督抚和统兵将领都开始自设粮台，收入开支有巨大的操作空间，核查难度远超以往。户部因为筹款之事忙得焦头烂额，实在是没有余力加以细致核算，因此只能暂且默认现实，对督抚和统兵将领筹措军需之事睁一只眼闭一只眼。

这种立国200多年所未有之事，为地方督抚攫取财权提供了莫大便利。以往天天盯着自己花销的"监护人"如今竟然撒手不管，自己可以任意支配各种收入，等于有了一个小金库。后来，除了军需事项之外，普通的收支也游离于奏销体制之外，是个衙门都搞起了自筹自用，清政府几乎失去了对地方财政的控制。

不少打着"自给自足"旗号的机构纷纷设立起来，比如善后局、报销局、筹款局、支应局等。听名字就知道，它们专门负责前线战争开支。不过它们的功能还不止如此，其权力迅速随着督抚的野心增长：善后局不仅能善军需之后，还有衙门内部的人员津贴和各项开支；报销局不仅能报军用之费，还有一堆与军事无关的民政事项；粮饷局也不单单为前线提供粮饷，还有一批杂七杂八的事项。

而且，地方官府给出的理由往往都很冠冕堂皇。朝廷要搞洋务，地方要谋发展，哪项不需要资金？为达到兴办近代工业的目的，截留掉一些本该解运到京城的银两实属不得已。所谓"是以本地之款办本地之事，输纳于公家者无多，裨益于地方者甚大"①。对地方官员来说，能办成本地的要事才是最重要的，但对于中央财政来说，这绝对不是一个好事情。

最开始，朝廷还指望地方督抚拿钱办事，尽快平息内乱。可现实情况是，太平天国运动虽被镇压，但以湘淮系为主导的地方督抚已纷纷强大起来，其显著表现是财权从中央向地方的转移。本来管财政的布政使司与地方督抚并无隶属关系，自从湘淮军开了自筹粮饷的先例之后，布政使司基本上成了摆设。中央很难收到足够的赋税，权威日渐衰弱；而地方督抚却以独立的财权和兵权为倚仗，羽翼渐丰，最终形成尾大不掉之势。

户部对此也是相当无奈，这些非常规支出很难统计，更难以受到监管，以至于只有极少一部分能够被朝廷知晓。至于其他大部分资金究竟流向何方，可能只有那些地方官员自己知道了。

更何况这一大堆出自各种名目的筹款局在战后也没被撤销，仍然在各地发挥作用，继续为地方财政提供支持。拖了若干年之后，基本都成了老大难的历史遗留问题。这些机构承担的职责有筹款、支放，还有军需等项，不少驻守地方的士卒就指望它们供给粮饷。但随之而来的就是巨大的冗员问题，一大堆超出原本预计的"体制外"人员都需要官府花钱维系，令大清帝国的财政更为雪上加霜。

①　［清］江西等处宣布政使司、［清］江西清理田赋税契总局编：《江南筹款总局整顿税契章程》第三卷，国家图书馆藏。

户部已是三番五次要求各省裁局撤所，尽快把这块经费节省下来，但督抚们的积极性都不甚热烈。个中原因也是显而易见的，这些筹款局极大方便了当地官府搜刮财物，而且他们不愿意损己之利，为朝廷分忧。如果遵从旨意裁撤局所，这些被裁撤的吏员生计问题可要地方自己解决，如果不能妥善处置，又会成为新的不安定因素。

所以这个问题一直没有解决，直到甲午战后，清政府欠了一屁股债，才下定决心对其动刀。不料戊戌变法百日而终，这个计划也就再次化作泡影。接着，庚子年清政府又赔出去一大笔款项，朝廷只好允许各省自筹银两，先把外债这个窟窿补上再说。

这似乎是一个没有办法解开的死结。清政府的权威在收钱这件事上所展现出来的作用越来越小，无论是严词呵斥，还是安抚怀柔，这些惯用的政治手段在最为现实的财政问题面前都失去了作用。偌大的清帝国，财政这个七寸竟会掌握在地方实力派的手上，这是立国以来从未有过的事。当然这里也释放出一个极为危险的信号，朝堂之下暗流涌动，大清帝国的政治格局将迎来新一轮的洗牌。

财政比重的改变

鸦片战争后，外国经济势力的不断入侵，关税成为清政府的重要财政收入来源。铁路等新兴交通方式的出现，也为清政府带来了滚滚财源。各国为了保证在华利益，对华大量借贷，以维持其经济权益及政治权益。清政府在漫长的外交角逐中也逐渐掌握了近代财政制度的运行规律，开始懂得利用国债聚敛民众财富，并且借助外国对华借贷，将自己与西方帝国主义势力绑在同一辆战车上。

清末财政收入，鸦片战争时为4000万两白银，甲午战争时为8000万两白银，清朝灭亡时已达 3 亿两白银。这么快速的财政增长，与新税源的开辟密切相关。其中尤以海关税为主，几乎是紧随财政增长的速度，海关税收开始是 800 万两白银，到同治十年（1871 年）年突破 1000 万两白银，光绪十三年（1887 年）突破 2000 万两白银，光绪二十九年（1903 年）突破 3000 万两白银。[①]

第二次鸦片战争后，进出口贸易迅速发展，与之相伴的是海关税的迅速增长。咸丰十一年（1861 年），海关总税务司开始统计海关税时，尚不足 1000 万两白银，至宣统二年（1910 年）已然翻了 4 倍。但归根结底，关税仍为列强把持，很多时候要作为抵押以支付对外国银行的借款，清政府只能得到少数，故称"关余"。

必要来源就是新兴的厘金。在镇压太平天国运动后，尝到了甜头的地方督抚也不愿放过这个收入颇丰的聚宝盆，此后厘金征收数额节节增长。在宣统三年（1911 年）的预算案中，收入已达 4418 万两白银，占收入总额的 14.6%，厘金成为支撑清政府财政收入的一项重要税种，清朝灭亡后依然存在，直至民国二十年（1931 年）才废除。

至光绪二十九年（1903 年），关税厘金占财政收入总额已过半，达 50.9%，传统的大项田赋则降至 33.8%。农业税的下降与工商税的迅速增长正反映了晚清以来社会经济的增长和社会结构的变动。

财政支出上也出现了许多新的变化。早期财政支出主要是军费、官俸、皇室费用、工程费用等固定几项，晚期增加了许多新的支出科目，包括债务费、教育费、农商费、交通和邮政费、司法费、外交费、洋务费、对外赔款等现代财政预算中的支出项目，体现出晚清的近代化趋势。

今天的我们以更广阔的视角去看待各发达工业国的工业化历程，便可

---

① 汤象龙：《中国近代海关税收和分配统计》，中华书局 1992 年版，第 63—66 页。

以发现，无论哪个国家，只要建立了集中统一且高效的财政制度，就能从地方上汲取工业化所需的资金。而清政府恰恰反其道而行之：财政收入体系松散不堪，地方官吏层层设卡，雁过拔毛，民间产生的极少的剩余价值多半进了各级官吏的腰包，中央政府能够支配的资源极少。这种情况下能够维持国家运转都是难题，就更不必说投资工业了。

所以在为求自救的洋务运动中，清政府实在无力支持庞大的工业建设资金，只能采取"官督商办"或者"官商合办"的方式。这其中，得到最大好处的也是地方官员和商人，以及投资借款的洋人，清政府既无能力也无可能将提取出的价值再次用于工业建设，并形成良性循环。

工业体系的建设是一个相当漫长且长期投入的过程，需要投入的人力物力不可计数，绝非建几个新式工厂、买几台新式机器，或是雇几个洋人技师就能根本上完成的。

大清帝国的统治者或许知道问题所在，但实在无力做出改变。大清帝国这台庞大的机器，已经运行了 200 余年，早已陈旧不堪。一个技艺精湛的工匠可以修修补补，勉强让其维持运转下去，但结构无从改变，早晚有一天要被拖进废旧垃圾处理厂。

第三章

走入死胡同的货币改革 | CHAPTER THREE

货币是我们生活中常见的购买媒介，平日购物或交易总少不了它。对于任何一个主权国家来说，拥有货币发行权都是维持金融稳定和金融安全的必要手段之一。细观中国古代的货币发展史，我们可以看到，凡是国家通行的货币，都在政府监督之下。政府不但对其发行数量进行调控，还规定成色和面值，并具有一套完整的铸造、检验、发行、鉴定的流程，这样即使市场上某种货币短缺，也不至于引发恶性的经济问题。

但是，这个过程并非一帆风顺，可以说任何一个朝代的政府都尽力将铸币权牢牢抓在手上，与私铸、劣钱等情况做长久的斗争。成功则商贸鼎盛，国泰民安；失败则市场混乱，经济崩溃，斗争的结果也与国力息息相关。清政府自然也是如此，他们沿袭着旧有的规定，试图将铸币权牢牢抓在官方手上，可在实际的实施过程中，却引发了一系列意想不到的后果。

传统铸币的没落

《管子》有云："人君操谷、币金衡，而天下可定也。"自古以来，一个能够有效发布政令的中央政府必然会垄断货币发行权，不假手于外人。按照传统货币思想，钱乃"亡用器""人主之操柄"，秦统一货币为半两钱；汉武帝禁诸郡国铸钱，专令上林三官铸造；宋元时期出现的纸钞也只能由政府印制，无不显示其政府垄断的特征。对于政府来说，要控制货币发行权就必然要垄断铸币，所以铜、铁等重要金属不仅是军工材料，还作为铸币材料而受到政府的严格监管。

问题是铜钱不仅价值低，还笨重，平时用于小买卖尚可，一遇到大宗交易就很麻烦。因清初规定银钱比价为银一两等于钱一千文，一文是一枚铜钱，一千文就是一贯，也可称一串、一吊。可想而知，随身揣着这么多铜钱出去交易可不是件轻松事，动辄几十、上百斤，交易者不光要识数，还要练体力，流通性相当糟糕。纸钞倒是携带方便，可以满足大额贸易需求，可是不易保存、容易仿造。而且古代统治者又没有现代货币发行概念，一旦缺钱就在没有准备金的情况下大肆滥发，导致纸钞极速贬值，反而加速了王朝的衰亡。

有没有兼具两者优点的货币呢？明中后期市场上突然出现的大量白银便是一种。它大大活跃了市场经济，但它们并不是由政府开采铸造的，而是产自美洲，经由西方商人之手进入中国。政府一看自然是大喜过望，这岂不是天上掉馅饼的好事？于是，白银以其特有的流通性与稳定性适应了当时快速发展的商业经济，迅速跻身于主流货币行列。明朝大学士邱浚设计了一种"三币之法"，即"以银为上币、钞为中币、钱为下币"，这实际上是模仿了先秦时期"以珠玉为上币，以黄金为中币，以刀布为下币"的三币模式，属于一种复合型的白银流通制度。

张居正实行"一条鞭"法之后，连赋役征收都改成白银。白银一跃成为官方和民间都认可的货币，改变了铜钱和纸钞一统市场的局面。直至鸦片战争前夕，中国一直是钱银并行流通的局面，即大宗交易用银两，小额支付用制钱，一般以一两为界。在漫长的发展过程中，这套货币流通模式早已发展成熟并延续下来。

那么金属货币会不会有纸币滥发的问题呢？虽然看起来金属本身具有价值，不至于像纸币一样拿张纸印上数字图案就能从民间搜刮财富，但这也并非万无一失。只能说大部分情况下，印钱都是稳赚不赔的买卖。但有一种情况是例外的，那就是印钱成本太过高昂，甚至超出币值本身的价值。

道光年间，中国制钱的发行俨然是"群雄割据"的局面。当时的工部和户部分别设有宝源局和宝泉局两个中央造币厂，所铸之币用以供给中央军饷等各项开支。同时，地方也有自己的铸币厂，道光年间单是官方规定的制钱就有 21 种，出自宝泉局、宝源局、宝直局、宝晋局、宝苏局、宝昌局、宝福局、宝浙局、宝武局、宝南局、宝川局、宝陕局、宝广局、宝桂局、宝云局、宝黔局、伊犁局、阿克苏局、库车局、宝新局等铸币局，它们名前大多加有"宝"字，所铸造的铜钱也都有"道光通宝"的标识。

不过与中央铸币不同的是，地方铸币基本都在本省流通，很少跨区域流通。从商业的角度来说，这当然会加大交易成本，不利于商品流通。那么何必要在中央之外设立这么多地方铸币局呢？倒不是官方不想指定一种铜钱作为国家的统一货币，实在是心有余而力不足。按照当时的交通运输条件，首先，无力做到各地矿产汇至一处统一铸币；其次，就算铸出了合格的货币，也很难运往各地投放市场，也就是说高昂的运输成本始终是一道迈不过去的坎。

可要划定明确的铸造标准和金属含量，要求各省按此铸造又面临新的问题。如各省所采矿藏储量不一，成色不一，价格更是天差地别。在那个没有精确仪器检测的时代，想要得到一个统一的铸造结果实在是困难重重。矿产丰裕之处所铸货币成色好、成本低，矿产贫瘠之处所铸货币成色差、成本高，如此自然就不能全国通行。否则投机买卖之风大盛，国家经济也会陷入危机，倒不如让各省按照需求及实际情况自行铸造，以免扰乱外省市场。

这其中有临时应急之用，比如阿克苏钱就是道光年间为了应对新疆张格尔叛乱时，为解决军饷缺口临时赶制出的一批当五、当十大钱。但总的来说，各省铸币局的盈亏还是要自行承担。道光四年（1824年），福建省承受不了银贵铜贱的行情，率先停铸铜钱，各省纷纷效仿，放弃了这项业务，以至于到了道光二十一年，只剩下云、粤、川三省还在铸币。

压垮各省铸币局的不仅是银铜比价的挑战，还有私钱。私钱在中国历史上屡禁不绝，虽然历朝历代的统治者都颇为头痛，却又不能从根本上铲除。不仅有个人为一己之私铸造私钱，甚至官方铸币局也会有工匠故意铸造不足值的铜钱，前者称之为"民私"，后者则称之为"局私"。相较于前者。后者虽然数量不多，但往往会造成更大危害。由于是官方铸造，即使偷工减料的铜钱也很受市场欢迎，但假币终究是假币，在使用过程中问题很多。如宝浙局就出过由于掺入太多砂土，铜钱一摔即碎的事情。相比起来，掺杂铅等贱金属都算得上"良心"，至少不会一不小心把钱摔没了。

"局私"的最大危害在于，它是一种官方制假的行为。官府一面要求严格查禁民间私钱，一面又自己铸造质量不合格的制钱，这无疑会严重降低政府的信用。而且还会起到糟糕的示范作用，最终使得私铸私销行为屡禁不止，越加泛滥。

清代银两与制钱一直属于不同的货币体系，且两者间无固定比价，而制钱通常以铜铸造。到了晚清，铜矿产量日益减少，洋铜价格昂贵，清政府维持货币供应量的做法就是想方设法地往其中"灌水"，即加入铅、锡等贱金属以次充好，甚至连完全不含铜的铁钱和铅钱都搞出来了，这简直是明目张胆地诈骗。结果铜钱价值远低于铜价，外国商人抓住这一时机，以银圆换取中国铜钱，一方面可获几乎一倍的暴利，另一方面也为发展本国工业提供了原料，而中国付出的代价就是严重的钱荒。

可是，清朝的银钱比例总要有充足数量的银圆与铜钱才能维持。本来银价就日渐高昂，市场上铜钱的供应量再日渐紧缺，必然会影响整个货币体系。官府自然不能允许这种事情发生，所以朝廷严令各地铸币局不要考虑亏损问题，当务之急是尽快恢复市场上铜钱的供应。地方铸币局也很无奈，这种市场条件下肯定是铸造越多亏损越多，要维持铸币产能就只有一个办法——铸小钱，即将之前私下里偷工减料的做法变成常态，大家一起铸劣币。

这造成了恶劣的连锁反应：银价高涨，铸厂亏损——降低成本，改铸小钱——铜钱贬值，物价高涨——进一步抬高银价。可以看出，最终受害的是整个贸易体系和广大普通老百姓。

眼看这种办法无法维持，咸丰时期开始改铸大钱。所谓大钱，其实就是换了一种骗法，重新铸造面值更高的制钱以节省铜料，当时发行了一当十、一当二十、一当五十、一当一百四种面值，分别重五钱、一两、二两五钱和五两。但是投入市场之后发现，币值的下跌速度比预想的更快，大钱很快也变得"不经用"了。大小错出、轻重倒置的现象比比皆是，市场乌烟瘴气，民众不堪其扰。

外国银圆的涌入

官府铸造的制钱不能满足日常使用，更无法适应商品经济的发展。人们对白银的渴望越加强烈，不得不选择一种更加方便的新币种来解决交易需求，于是外国银圆便顺势登上了历史舞台。源源不断的外国银圆通过当时唯一开放的贸易口岸——广州大量涌入，主要是西班牙银圆，每年输入的数额在 200 万枚左右。

公元 15 世纪以来，随着新航路的开辟，国际贸易数额迅速增长，葡萄牙人和西班牙人为东西方大规模贸易拉开了帷幕。他们不仅带来了商品，也带来了银圆。公元 16 世纪，大批银圆从美洲、日本等地进入中国，这些外国银圆种类繁多，主要有西班牙银圆、墨西哥银圆、美国贸易银圆、日本银圆等，此外还有西贡银圆、秘鲁银圆、智利银圆等较为少见的银圆。其中，西班牙银圆首先以每年 200 万枚的供应量迅速打入中国市场，并在市场上占据重要份额，很快就成为东南沿海和长江流域通商口岸的主要货币。

自鸦片战争之后到公元 20 世纪初的短短几十年，外国银圆竟占据了中国货币市场的四成以上。为何外国的银圆在中国如此受欢迎？这是有现实考量的，一个最直接的原因就是传统的银两太过落后。从名字能看出，外国银圆与中国本土的银两有所区别，虽然同样由白银铸造，但两种货币成色、重量不同，而且种类繁多，互不通用。

一般来说，一枚"初出银炉"的银锭必须要由公估局派人进行查验，这些公估局一般由当地商会或钱庄委派专人组成，查验之后再标注银锭的重量和成色，只有有了这些"身份证明"，银锭才能上市流通。

但问题在于，公估局只会鉴定一两以上的银两，一两以下的碎银并不会被纳入鉴定范围。另外交易时谁也不会细看，最多用秤衡量，这就给了奸商机会。用低成色银两冒充高成色，拿私铸银两代替官制银两等都是常用的手段，无论商人还是百姓都深受其苦。

更不必说银两还分虚实。银锭和碎银这些看得见、摸得着的银两都算作实银；此外还有一种虚银两，如九八规银。这是为了弥补实银供应不足的问题，在上海出现的一种在实银的重量上加以升水，再打九八折得到的通用标准银。后来很多地方都仿造上海的模式，搞出自己的标准银。比如海关有海关银（或称"关平"），天津有行化银，汉口有洋例银……其他各地也都有类似的虚银。这些标准五花八门，不光各省不同，一省之内往往都有几十种名目。它们的共同点是看不见也摸不着，纯粹只是一种计账单位，专门用于各地调剂金融和进行汇划调拨。

此外，复杂的换算足以劝退一大批普通商人，因为普通商人光是分清换算单位就足够费劲了。如果有人要从上海到汉口去交易一批商品，他就要带着一堆重达 50 两的宝银溯长江而上，宝银上面刻有铸造者地址、店号、人员名称甚至银炉号码。历经重重艰险到达目的地之后，并没那么容易交易。首先要分清两地标准银换算的差别，然后再兑换成当地的银两，大额交易用银锭，小额交易用碎银，最后刨去交易成本，将货物沿长江运回。能完成这套流程的不一定是杰出的商人，但他算术一定很好。

这只是理想情况，现实情况往往要比想象中的更为复杂。在整个交易过程中，商人可能遭遇兑换标准不同、银两成色不足、两地银两互不通用的问题，甚至当地官员的个人品行与职业操守也要考虑在内。这一切都构成了巨大的沉没成本，无形中给实施商业活动增添了难以逾越的障碍。所以说，晚清的商人是个高危职业，他们一方面必须有无比高超的耐心与心理素质，另一方面还要有极佳的运气，才有可能幸运地在时代浪潮中脱颖而出。

相对而言，外国银圆的优势就太多了。外国银圆一般都是机器批量生产出来的，又具有形制统一、价值稳定、便于核算等优点，在交易时不必逐一过秤称重及确定成色，大大简化了交易手续，节约了交易时间以及成本，因此它受到市场欢迎也就不足为奇了。由于银圆的规范性，检验起来也方便很多。一般银店收银之后会用笔在上面注明符号、写字画押，相当于防伪标签的作用，叫作软戳。不过这个办法并不保险，颜料稍加清洗就失去了效用，起不到防伪的作用。所以，银店更喜欢用硬戳的办法，就是直接用钢印把记号打在银圆上，这样一看便知真伪。但这也有缺点，那就是如果转手太多，戳记太密，银圆可能就跟废银没什么两样了。

但总的来说，外国银圆相较中国的银两还是有着巨大优势，比如最早打入中国市场的西班牙银圆，有很多是在西班牙的殖民地墨西哥铸造的。有一种正面是西班牙国徽及皇冠，背面为东、西两半球及双柱图案；另一种是铸有各个国王头像的银圆。中国人民充分发挥自己的想象力，把前者称为"双柱"，后者称作"佛头"，两者则统称为"本洋"。后来，流行于中国的墨西哥银圆由于上面刻有鹰徽，也被称作"鹰洋"。

它们的共同特征就是雕刻精美，颇受中国人欢迎。在当时很多人看来，相较于外表坑坑洼洼、杂质又多的中国银两，这种外国银圆不仅好用，还能当作工艺品收藏，就像如今各国发行的纪念币一样，具有保值的作用。

但这种局面也潜藏着危机。因为在市场太受欢迎，需求量远远高于供给量，以至于洋钱不敷用度，其价值远超过本身币值，有些商人会借此换取中国的纹银以获利，当时的有识之士已经预感到这种现象将会导致极大危害。外国铸造的银币多少都有"兑水"，当时市场上一般以七钱二分为足银货币，而外国银币很多成色只有九成，甚至不足九成，拿到中国来使用照样畅通无阻。而且由于其制作精美，使用方便，市价还会高于七钱二分。这样一来老百姓不知不觉中就被外国银圆掏空了口袋，无形中造成中国经济利益的巨大损耗。

就这样，外国商人利用这个漏洞以银圆在中国收购白银，拿到国外再铸成银币，然后流入中国。试想，用一枚重七钱二分、成色不足九成的外国银圆和重一两、成色为九成多的纹银进行交换，显然是稳赚不赔的买卖。偏偏当时的民众还乐此不疲，积极拿自己手上的银两兑换银圆，足可见传统的银两多不受欢迎。

当时的中国可没有什么管理市场的政府机构，外国商人如此循环套利，反复赚取差价，攫取了中国大量的经济利益。按度支部的统计数据，仅外国银圆一项，清代中国就有 1.7 亿两白银的利益外流。

西方商人就是利用这种不平等的贸易方式赚取了大量白银，而中国方面却对此茫然无知，甚至还在推波助澜。洋人以外国银圆购买中国产品，这在当时清朝的海关政策中被视为中国货物的出口，并非外国银币的进口，所以海关只收出口税，而不收外国银圆的进口税。这实际上是为洋钱的进入大开国门。但当时的人们并未意识到，其实外国银圆也是一种特殊的商品，这种过度的倾销会对国内货币市场造成相当大的破坏。

看到银圆有这样大的利润空间，列强自然眼红不已。那时，西班牙失去世界霸主的地位已近 200 年，墨西哥也刚被美国占领大片土地，不得不彻底放弃美洲霸主的梦想，凭什么它们还能拥有如此坚挺的货币？英国人首先站出来批评清政府的愚蠢，声称让如此巨额的外国银圆进入中国，甚至占据国家货币的关键地位是万万不可的，这会造成巨大的隐患。随后，英国却在香港建立了自己的铸币厂铸造银圆，声称"有着标准的成色和重量，将成为事实上完美和可靠的货币，很快被市场接受，并将取代本洋和鹰洋"。

后来，日本和美国也相继盯上银圆铸造这块蛋糕，争先恐后地插手。日本人于同治十年（1871 年）铸造了自己的银圆，因币面上印有飞龙图案，所以也被称为"日本龙洋"。刚开始，这种银圆竞争仅限流行于中国的本洋和鹰洋，很难抢到市场份额。但日本有着自己独特的优势，那就是距离近、投放快。随着中日贸易关系的日益密切，日本政府要求到华的日本商人和军警都要自觉使用龙洋，用量越多越好，最好全部留给中国人。这种办法果真有效，与日方做生意的中国人多少都接受了这种新的银圆，不仅在日资企业集中的商埠港口，甚至在朝鲜、安南、暹罗等地都能看到它的身影。

无奈的"白银保卫战"

为了保住自己的钱袋子,清政府不得不打响一场"白银保卫战"。先是御史黄中模上了一道奏折,痛陈白银流失与外国银圆涌入之害,表示以后与洋人交易,只准用货物,不准用银,后来御史章沅也上了一折,要求严禁白银外流。

为此,朝廷专门发布上谕强调不准私易银钱和偷漏银两。作为当时唯一对外港口,广州自然成为严防死守的重点。两广总督李鸿宾专门于道光九年(1829年)和道光十年先后两次遵照上谕颁布《严禁白银出洋章程》。该章程的主要内容有两点:一是禁止在对外贸易中使用白银,只准以货易货,若有不足部分,双方只能以番银找给;二是要求各关口文武官员严加稽查,禁止内地纹银偷运出洋。虽然有了具体的"章程",但要实现完全的禁银出洋并不现实,且不考虑各关口的稽查官员能否有效履行自己的职责。从可能性上来说,都19世纪中期了,还要搞以货易货,显然不符合实际,所以这套方案自然也未能执行下去。

当然还有人重新把目光聚焦到铜钱上。例如江西巡抚吴文镕、御史刘良驹、内阁学士朱嶟等,他们觉得问题如此严重,无非还是缺少铜钱。以前国家收支就是以制钱为标准,现在回归铜钱有何不可?而且他们认为解决问题的关键在于首先大力提升制钱产能,将其作为国家法定收支货币,继而降低白银的重要性,以鼓励中央及各地铸币局走上正轨。显然这个提议比前一个更不靠谱。白银是老百姓广泛信任并接受的货币,自然不可能说废就废。而货币作为一种固定充当一般等价物的特殊商品,一旦退出其本身的流通领域就会恢复商品的本质。毕竟洋人认的是白花花的银子，而不是笨重的铜钱，拿着一堆铜钱去参与国际贸易，只会让人嘲笑。

那么，有没有别的办法能规避金属货币的缺点呢？这时有人再次想到了传统的纸币。纸币在中国有着悠久的历史，宋朝就有了最早的"交子"，后来的王朝也发行过自己的纸币，不过由于没有准备金等保险措施，统治者也没有定量发行的意识，所以最后往往沦为搜刮民间财富的工具，在老百姓心目中毫无信誉可言。

清政府这次想要发行纸币又有何不同呢？咸丰二年（1852 年），时任福建巡抚花沙纳上了一道奏折，表示可以让官府自行发官票当作银两流通，但又不能兑换成银两。这实际上是专门用来应对市场缺银的应急之举。既然有了银两，总还要有相应的制钱才能维持市场稳定，所以又发行一种新宝钞用来充当制钱，当然同样不能兑换。如此一来，市场上有了更多的银两和制钱可用，清政府还不用担心原料损耗，岂不两全其美？

这项提议得到咸丰皇帝的肯定，第二年朝廷正式下旨，要求完粮纳税一概应用新钱法。"官票银一两抵制钱二千，宝钞二千抵银一两，与现行大钱、制钱相辅而行。"[①] 不过，这种美好的设想遇到现实就行不通了。对于广大普通百姓来说，任凭官府说得再天花乱坠，能拿到手上的才是真的，因此民间的抵触给官府的工作带来了很大麻烦。老百姓不愿用这种缺乏信用的纸币，拿在手上很难花得出去，就算不巧收到一张，也都直接存着不用。银票和宝钞说穿了不过就是一张纸，总不是随便写个数字就能当钱花的。货币没有老百姓的信心作保障，终究也不过是废纸一张。

清政府很晚才意识到这一点，所以这些银票和宝钞一直发行到咸丰

---

① 张国辉：《晚清财政与咸丰朝通货膨胀》，《近代史研究》1999 年第 3 期。

后期，单是中央政府发行额就有 825 万两，[①] 外地的发行额就更不可计数。收回自然是不可能的，只能让其继续在市场上流通，正是它们逐渐消耗了国家的信誉。

自铸银圆

继续让外国货币在中国市场自由流通，后果可想而知。最直接的危害就是丧失货币主权，威胁国计民生。任何一个主权国家都不可能容许这种局面存在，所以如何打好这场特殊的经济战，成为摆在统治者面前最棘手的事。

粤、闽、苏、浙四大沿海省份是外国银圆集中输入之地，禁行银圆也必然从这些地方下手。因此道光皇帝专门召集沿海督抚商议此事，可惜得到的回应并不如人意。两广总督卢坤表示，夷船带银圆来中国是为了做生意，要是把银圆一概禁止，洋人来了就没办法交易商品，到时若逼得他们非法走私，偷运商品金银，恐怕于海防更增压力。[②]

卢坤不是唯一提出反对意见的人，两江总督陶澍和江苏巡抚林则徐也不认为一概禁止就能解决问题。

某些中央官员仍然抱着打不过就禁的老套路，试图上书要求禁止民间流通银圆，痛陈外国银圆横行中国之害。可老百姓显然不会买账，有更保值的银圆谁还会用银两？禁行之法无果后，又有官员想将西方银圆重新拉回到用秤计量流通的旧方式中去，但是面对两者成色有明显差别的现实，这种办法也只能作罢。

---

① 张国辉：《晚清财政与咸丰朝通货膨胀》，《近代史研究》1999 年第 3 期。
② ［清］两广总督卢坤等覆折：《银圆出口未便禁止仍照旧章》，中国人民银行总行参事室金融史料组编：《中国近代货币史资料》第一辑，中华书局 1964 年版，第 43—44 页。

　　种种办法都行不通，清政府只好自铸银圆。

　　铸钱并非简单的事情，要考虑面值、成色、样式及民众接受度等，决不能应付。可此时的清朝哪有多少懂得铸银圆的人呢，无奈只能先考虑从仿制起步，再徐图自制。

　　按照大家的设想，铸造面值一元的银圆成本应该按照外国银圆的行情，控制在七钱二分银。投放市场后，哪怕以九成成色为标准兑换，政府都不会吃亏，到时候不仅可以"抑洋钱而不予以利权，平银价而渐绝其偷漏"，还能够使"目前之军需可以裕，将来之国用可以兴"，可谓两全其美。①

　　可惜在现实面前，这一设想被无情粉碎。调查发现，外国银圆仅在沿海的几个省份比较流行，内地人很难有机会接触，而且受长期以来各省"自铸自用"的影响，各地银圆种类参差不齐、区别巨大。如果仿铸沿海流行的外国银圆，拿到内地去用，恐怕很少有人会买账，到时候耗费巨资反倒徒劳无功。在缺乏监管的条件下，官府既无可能也没必要强行订立一个兑换标准让民众遵守，所以这个方案自然也就放弃了。

　　正当大家一筹莫展之际，张之洞决心接过这副担子。光绪十三年（1887 年）正月二十四，时任两广总督的张之洞奏请自铸银圆，以抵制外国银圆。这次他拿出之前兴办洋务的经验，详细拟订了自铸银圆的方案：聘洋人技师，买西洋机器，专设钱局，一举解决技术人才和未来发展问题。值得一提的是，自铸银圆成色不以洋银的七钱二分为准，而是多加一分五厘有奇，改为七钱三分，并在上以汉、洋文标明"广东省造库平七钱三分"为证，以便对外贸易。

　　张之洞解释说："铸成之后，支放各种饷需官项，与征收厘捐、盐

---

　　①〔清〕福建巡抚吕佺孙折：《建议仿铸外国银圆》，中国人民银行总行参事室金融史料组编：《中国近代货币史资料》第二辑，中华书局 1964 年版，第 191 页。

课、杂税及粤洋关税项向收洋银者，均与洋银一同行用，不拘成数银色，务与外国上等洋银相等，银质较重而作价补水均与相同。商民趋利，自易风行，若日久通行，民间自行加价，亦听其便。闻外洋银圆，颇有盈余，虽每元办重一分五厘，断无亏折。"[1]意思是，可别小看了这一分五厘，等到铸成之后，不管是征收税赋、拨给饷银还是支取库银都能和外国银圆一同使用。随后，使之逐渐深入民间。老百姓最为精明，自然会选择成色更高的自铸银圆，相信到时不费吹灰之力就可将洋银排斥出市场之外。

从本质上来说，张之洞的方案是要以价格战的方式夺取胜利。虽然增加了部分成本，却能获得更高的市场份额。不过户部方面对此颇有微词，他们认为，此法看似不错，可大清白银已大量流失到海外，银子都快成奢侈品了。现在就靠着以前的家底勉强维持市场，哪有余力让你在自铸银圆上加码，更何况某些人可能连这一分五厘的余利也不放过，搞不好新银圆一上市就让他们给熔了去换取那几厘钱。千万不要高估他们，毕竟盯着这好银子的人太多了。由于清朝民众造假能力太强，逼得官方不得不想方设法防伪，这就得在工艺上精益求精，又是一大笔支出。就算这些都能解决，习惯了洋银的民众也未必会买账，万一扔一大把银子连个水花都砸不出来，那可大为不妙。要知道清朝的国库实在是经不起如此折腾。

理由再多，归根到底还是一个字——穷。户部对自己的底子再清楚不过，拼财力去占领市场并非上策，所以光绪帝很快就下旨要求张之洞暂缓规划，等候旨意。不过，这旨意自此之后就没了下文，何时商议出解决办法也没有定数。张之洞可不会甘于等候，他立马着手在自己的地盘上规划起来，同年七月开工建造广东钱局，两年之后建成。

---

[1] 见《两广总督张之洞奏请广东试铸银圆以备户部推广事》，现藏于中国第一历史档案馆。

仅有钱局，没有技术还是不行，于是张之洞与英国汇丰银行商议，是否能够代为铸造。之所以选择汇丰银行，是因为汇丰有足够的银圆铸造经验，特别是优质银圆铸造经验。到时连银与其他金属的比例都不需多加调整，只要在模具上加上"光绪元宝"四字和蟠龙纹就能制出张之洞理想中的银圆。而且从香港铸造银圆再运至广东，总比千里迢迢从大洋彼岸运银过来实惠。

这个办法终于让朝中那些聒噪的反对者无话可说，毕竟张之洞用的是外国银行的条银，总不关乎国家的库存，因此得到了光绪皇帝和户部的肯定。虽然在汇丰银行的建议下，为不致奸人谋利，每元库平七钱三分还是改为七钱二分，但张之洞还是颇为满意，因为清朝第一款自铸银圆即将在广东诞生。

遗憾的是，光绪十五年（1889 年）十一月，张之洞调任湖广总督，未能见证银圆诞生。此后，继任两广总督李瀚章继续执行张之洞的方案，于光绪十六年四月开炉试铸。李瀚章兴奋地上奏朝廷："其质轻重大小及配合成色均照奏定章程，每圆重库平七钱二分，配九成足银；次则三钱六分，减配八六成足银；再次则一钱四分四厘、七分二厘、三分六厘，三种均减配八二成足银，较现在市行洋钱成色轻重，均属一律。"[1] 这与张之洞的设想完全一致。此币正面刻"广东省造"等字，背面雕有蟠龙纹，故也称"龙洋"。它作为法定货币，完税纳粮皆可用，开启了中国自铸银圆的先河。

自铸银圆的成色应高于还是低于洋钱？直观上看，似乎应当使自铸银圆的成色高于洋钱，只有这样才能建立信誉，取得民心，占领市场。如光绪十五年（1889 年），张之洞自铸七钱三分银圆时就是抱此想法，认为比七钱二分的外国银圆高一分，即可将其驱逐出去。结果却恰恰相反。实际

---

① 见《两广总督李瀚章奏为进呈广东新铸银圆筹拟行用办法恭折》，现藏于中国第一历史档案馆。

上，这是经济学中的格雷欣法则在发挥作用，即人们常说的"劣币驱除良币"。当两种货币同价不同质（值）时，人们会把其中的高质货币储藏起来，而只把劣币抛入市场。因此，若使自铸之银圆的成色高于洋银，则中国自铸之银圆会迅速流入各家各户的储藏罐中，而留在市场上流通的仍是洋银。

那么，既有劣币驱逐良币之理，是否应当反过来使自铸之国银的成色略低于洋银呢？例如七钱一分？也不可。因为一种新发行的货币要进入市场为民众所接受，首要在于建立信誉，而一种金属铸币要建立市场信誉，成色为基础。若民众一开始就知道这是劣币，就不会接受它，更不必提流通了。经过权衡，张之洞最终还是选择了最为稳妥的七钱二分方案。

张之洞调任湖广总督之后，面临更为严峻的挑战。湘鄂之地不比两广，因地处内陆，对银圆的接受程度很低，且又为东西要冲、南北要衢，商贾云集，贸易鼎盛，本省有数的钱银大多都被外省的大商帮赚走了，所以要在此开铸银圆显然更为艰难。

但张之洞绝非轻言放弃之人，他并没有马上开炉铸造，而是经过细致的调查之后才拟订具体实施计划。光绪二十一年（1895 年），湖北银圆局落成并开炉铸造，"计大银圆，重库平七钱二分；其次为两开，重三钱六分；又次为五开，重一钱四分四厘；又次为十开，重七分二厘；又次为二十开，重三分六厘"。这次参照广东的成功经验，基本上对配比未做更改，而且未请外国银行协助，取得了不错的成效。

不过铸造出来是一回事，让民众广泛接受是另一回事。张之洞决心以铁腕手段推动湖北银圆在民众中的普及。首先在湖北省内要求厘金税课一律改征银圆，然后是官绅俸禄、财政拨付，以至于民间的钱店当铺都要使用本省银圆。而且张之洞将湖北银圆局交由南洋通商大臣经理，让"龙洋"在整个南洋通商大臣管辖范围内通行。他很有信心地认为，有朝一日这些"龙洋"定能够通行全国，畅通无阻，甚至行销海外。

张之洞的成功为各省督抚提供了一条新思路。光绪二十年（1894年），清政府要求南洋通商大臣和北洋通商大臣各自以官督商办的法子自行铸造银圆。可这次张之洞却提出了反对意见，他觉得铸钱不比开工厂、办实业，这是关系到国家命脉的大事，引入商股实在过于危险，如果不严加监管，可能会出现弄虚作假或偷工减料的情况。官铸更应慎重，要是指望这个来赚钱，那国家离崩溃也就不远了。

这一主张果真起了作用，由南洋、北洋通商大臣官督商办的想法最终不了了之。然而，银圆铸造权掌于各省督抚，各省所铸银圆重量、成色均存差异，全国货币市场混乱不堪。因此，实现银圆的国家铸造和银圆重量、成色的统一就成为清朝币制改革的当务之急。

统一币制

此时的清帝国，君臣对货币的认识仍停留在交换媒介上面。他们对现代货币制度几乎一无所知，更不清楚要由国家设立本位币制度以维护金融稳定，这都使得推动货币改革困难重重。所以，光绪二十五年（1899年），军机处发电征求各省督抚意见，询问是否要改铸一两、五钱、两钱、一钱的时候，并未受到广泛赞同。

现实情况是，清帝国的工商业发展由于货币不统一的问题遭遇重重阻碍，特别是庚子年（1900年）国际银价暴跌近一半，八国联军侵华更是将数十年积蓄化作乌有。本息合计赔偿9.8亿白银彻底打破了整个清朝的赔款纪录，这个千疮百孔的国家是无论如何都拿不出来这么多钱的。

更可悲的是，清朝统治者被洋人一顿忽悠，以为西方国家实行金本位，赔款就得以黄金的价格付给对方。可他们没想到，此后英镑汇价竟然一路攀升，在金银兑换不等价的情况下，拿白银去兑换黄金，又被狠狠宰了一刀，这就是所谓的"镑亏"。据估计，清朝为弥补亏空，多花了整整 800 万两白银。

这时，清朝君臣终于意识到，统一币制已到了非做不可的地步。此外，英美列强也受够了迟钝缓慢的兑换过程，为了保证自己在华的经济利益，要求清政府必须尽快设立国家本位币制度。

光绪二十九年（1903 年），朝廷筹划彻底改革币制，但要先解决本位币问题。之前就是因为这个问题，清政府不得不承受巨额"镑亏"。国内银钱波动为国际资本在中国大把捞钱制造了绝好机会，它们在国际市场操纵汇率水平或者货币价格，在中国货币市场最为疲弱之时给予致命一击，赚得盆满钵满。

清朝币制改革有三条路。

第一条路是紧跟西方国家实行金本位，这算是最稳妥的，因为世界上有名的几大强国都在 19 世纪后半期逐渐实行金本位制度。现在用黄金衡量货币价值，得益于这些国家多年积攒下的家底。在欧洲，金本位是当时一种十分流行的本位币制度。有人认为跟在洋人的后面，至少不会承受"镑亏"的风险，也不会因为国际市场的汇率变动而受损失。但这种方法在实际操作中有困难，毕竟清朝的国库里存的多是银两，而不是金币。金本位是需要黄金作为储备货币的，所以这个办法不可行。

第二条路是实行金汇兑本位制。这种办法，不必有庞大的黄金储备，只要与其他实行金本位的国家保持固定比率就能发行纸币。当然纸币也失去了兑换黄金的功能，只能兑换外汇，将外汇作为准备金。这对于缺乏黄金的清政府而言似乎是条捷径，但最欢迎这种方式的却是洋人。如果把清政府的纸币和本国金本位下的货币挂钩，以后就更方便他们在大清帝国身上薅羊毛了。所以经过仔细考虑，这个办法也行不通。

最后一条路，也是最具可行性的一条路就是实行银本位。中国人已经用了几百年的白银，让他们贸然抛弃肯定是不现实的，且白银虽然没太多国库储备，但总要比黄金多得多。眼下可行之法是以白银为基础，实行银本位，以后再考虑与国际接轨，实行金本位。在张之洞等人的力陈下，清政府最终放弃了之前的幻想，踏踏实实从银本位开始。

"两元之争"

光绪三十一年（1905 年）7 月，天津设户部造币总厂。11 月，清政府开始全面进行货币改革，统一银币。但由于本位币不定，引起了空前的"两元之争"，朝中官员为了本位币应采取"两"还是"元"这个问题争执不下。

计量单位为何会引起如此大的争议呢？事实上，这不仅仅是银两和银圆的差别，还关乎国家的脸面。一两银圆源于旧有的银两制度，七钱二分银圆则仿自流入的外国银圆。湖广总督张之洞、前直隶总督袁世凯和鹿传霖等支持以一两银币为准，度支部尚书载泽等则支持以七钱二分银圆为准。双方互不相让，前者认为事关国家主权问题，不能沿用洋人的规矩，中国老百姓用两作为计量单位已有几百年，岂是说改就改的？而后者则认为七钱二分的比重已随洋圆的广泛使用而为世人所接受，现在既然要改，倒不如一步到位，直接与西方银圆看齐。

两者都有道理，清廷最后决定以投票来确定计量单位。最终投票结果是，主张用一两的有十一省，主张用七钱二分的有八省，此外还有主张足色十成的四省和主张九成色的四省。看起来"一两派"似乎占了上风，光绪帝也发布上谕，打算以一两为重。但此时突生变故，光绪帝和慈禧太后十分蹊跷地相继病逝，朝中一时无主。

这么一来，原有的计划也只能搁置了。不过从实际情况来看，在外贸盛行的沿海地区用银两实在有颇多不便，上海总商会上书度支部为此大倒苦水，非要改回七钱二分。宣统元年（1909 年），度支部尚书载泽建议再议币制，把用"两"造成不便的原因归咎为张之洞和袁世凯的独断专行，"一两派"不甘示弱，双方掀起新一轮唇枪舌剑。

最终，宣统二年颁布《币制则例》，为这场漫长的争论画上了一个句号。根据《则例》，"中国国币单位，着即定名曰圆，暂就银为本位。以一圆为主币，重库平七钱二分。含纯银九层，合六钱四分八厘"，铸造"宣统元宝"龙洋，并决定停止各地自由铸造，将所有铸币权收归中央。度支部通电各省督抚收回所有生银与银锭，统一改用银圆，并筹备流通行用之法，同时在天津设立造币总厂，以期统一铸造银圆。但未过多久，辛亥革命爆发，清廷覆亡，银币没有来得及正式发行，仅有少数作为军饷的银圆流入市场。清政府灭亡时，发放的银圆也仅有 2 亿元，多是熔化外国和旧龙洋改铸。

自铸铜圆之路

铜价昂贵，清政府几乎所有自制铜圆的梦想都半途夭折，甚至可以说铸钱越多，亏损越多。光绪十四年（1888 年），李鸿章在天津机器局试铸的时候就发现，铸造面值总额不足 5 万两的制钱时，工本竟然要花费 10.7 万白银，相当于要倒贴五六万两白银。[1] 次年，张之洞尝试在广东铸钱局用机器铸造机制制钱，发现每个月居然要花费铜铅等工

[1] 《直隶总督李鸿章机铸制钱亏损工本无法筹补折（光绪十四年八月二十日）》，中国人民银行总行参事室金融史料组编：《中国近代货币史资料》第一辑，中华书局1964年版，568 页。

本费 1.3 万两白银，铸成制钱 1.2 万余两。虽然相较于李鸿章有所进步，但还是要亏损数百两。[1]

赔钱的买卖自然没人愿意做，所以不少铸币局停产，钱荒愈加严重。朝廷可以用银结算，可老百姓平时交易总不能也揣着一把碎银。钱荒逼得朝廷不得不认清现实：铸钱是亏本，停铸可是要命！必须尽快想办法降低成本，重开铸钱。

光绪二十六年（1900 年），钱荒的现象太过严重，代理两广总督德寿上奏诉苦。前任总督李鸿章给他出了个主意，为什么临近的港澳地区同样使用铜圆，就没有这么严重的问题？倒不如按照仿制外国银圆的办法，按照他们的模子成色，采取同样的工艺流程，自己仿制一批铜圆，至少也能解燃眉之急。

德寿接受了李鸿章的办法，立刻学习机制铜圆的经验，在广东开了机制铜圆的先河。德寿所铸之钱每枚重二钱，成色为铜九五，白铅四，锡一，100 枚抵银圆一枚。制造成功之后，德寿惊讶地发现铸钱过程中竟然没有亏损，这一成功事例再次点燃了各省机制铜圆的热情。

后来，福建和江苏也相继制造成功，不仅没有亏损，而且制造出来的铜圆"模板分明，花纹精细"[2]。这些质量颇高的铜圆进入市场，很快就取代了质量不高的私铸钱。朝廷对此大加赞许，次年，光绪帝就发布上谕要求其他各省赶紧仿效。

利益比任何行政命令都来得有效，各省督抚发现铸铜圆不仅不会亏本，甚至还有可能赚钱，顿时来了精神。他们争先恐后地购置先进机器，建设造币厂。甚至有的省嫌一个造币厂不够，还要多建几个。最为

[1] 《两广总督张之洞报告广东机铸制钱及行用情形折（光绪十五年八月初六日）》中国人民银行总行参事室金融史料组编：《中国近代货币史资料》第一辑，中华书局 1964 年版，第 572—573 页。

[2] 《闽浙总督许应骙闽浙兼铸铜钱折（光绪廿六年闰八月二十一日）》，中国人民银行总行参事室金融史料组编：《中国近代货币史资料》第一辑，中华书局 1964 年版，第 873 页。

夸张的是江苏，整整建了六个厂，单江宁就有三个，足见各省热情。事实证明，这一举措是正确的，不过几年时间，各省造币厂就扭亏为盈。

广东成为这场铸钱热的发源地，得益于优越的地理位置。作为很长一段时期内中国唯一开放的外贸港口，在与洋人打交道的过程中逐渐意识到外国银圆的优越性。且当地民风开放，故能得风气之先，贡献了中国第一枚自铸银圆与铜圆。

从今天的角度看来，清朝的货币改革无疑是失败的。清末虽然把银币定为法币，因清政府缺乏金融控制力，最终仍未真正将其变为本位货币。今日看来，清末铸造银圆和货币改革并不够彻底，但它为币制改革的现代化铺平了道路，有一定的积极意义。

后来的中华民国政府继续铸造机制银圆。但银圆、银锭混用对社会经济产生了较为严重的负面影响，如缺乏统一的货币进行结算、汇兑费用高昂等。1933 年，政府宣布"废两改元"，真正实现了银圆对传统银锭的货币取代。而中国真正意义上的现代货币，要等到中华人民共和国成立之后才出现。

第四章
从银号到银行：
清末金融业的跌宕起伏

CHAPTER FOUR

银行已有近千年历史，早在 11 世纪，意大利威尼斯和热那亚就已出现银行。那时由于商业的繁盛，各国商人都会聚于此，同时也带来了五花八门的货币。币种的不同给交易带来很大不便，于是一些钱币商们摆条长凳就做起了钱币兑换和鉴定的工作，这条长凳在意大利语中称作Banco，后在英语中变为 Bank。自从 1407 年第一家银行在意大利威尼斯建立之后，欧洲各个强国都相继开设了自己的银行。

商业活动的进步催生了金融业。商人需要资金周转；而国家为维持政权稳定，会在丰年借入粮款，到了歉年再贷出。无论是私人还是国家，可以说自从有人类经济活动以来，借贷关系就不可避免地深入到每个人的生活中。

在古代中国，钱被称为"泉"，其意在宛如流水般通济四方。要实现这一目的，要有相应的金融机构予以调剂。中国早在唐朝就有了独立运营的金融机构，用于支取"飞钱"或"便换"，同时还开设柜坊，办理存款或代管业务。虽然没有今天如此花样繁多的金融业务，却也是中国金融业的开端。

清代的民间金融业可谓百花齐放，各色金融机构都在市场上占据了一席之地。在金融业最为鼎盛的时期，几乎所有生意人想要资金周转时都不愁找不到资金的提供者。需求少的找钱庄，需求多的找银号，它们背后的账局会提供坚实保障。如果急需资金，当铺的大门会随时为借贷者打开，为需要者提供及时支持。如果囊中羞涩，没有抵押物怎么办？没关系，印局的无抵押贷款"印子钱"能够解燃眉之急。如果这些办法都无从使用，乡间互助形式的合会还可以提供帮助，更不用说到了后期，山西票号这个"巨无霸"的横空出世。正是它，一举改变了整个民间金融业的游戏规则。

这是一个不同于我们现代认知的经济社会，它有自己的形式逻辑与规律，提供从资金保障到解决经济纠纷的一条龙服务。它借着商品经济发展的东风而起，不同身份的人物在其中各司其职，营造出一个复杂而严密的民间金融生态体系。虽然没有政府的强力监管措施，也缺乏明确的法律法规予以规范，但商人们基于朴素的民间道德准则和内在的市场规范机制，还是让这个金融体系得以维持了下来。

爆发的银钱业

明清两朝是中国银钱业真正集中爆发的时期。从明代中后期开始，大量的白银涌入给民间商业注入了无穷动力，各大商业城市和工商业者如雨后春笋般在中国南方茁壮成长起来，银钱并行开始成为主流。朝廷不管是征收赋税还是发放饷俸，都是按照"银七钱三"的原则。在这种情况下，专事银钱兑换的金融机构应运而生。它最开始叫"钱肆"或"钱桌"，听名字就能感觉到一股浓浓的市井气息，而它的确也与百姓的生活息息相关。

乾隆初年，这些店铺开始升级。北方及西南地区称之为"钱铺"，江南地区称之为"钱庄"或"钱店"。店铺的主要工作就是收入银两，拿银两去钱市购买铜钱，然后再将铜钱兑出，赚取中间的差价和手续费。

与钱庄和钱铺类似的银号发展更加迅速。不管是启动资金，还是资本总额，银号都远超钱庄和钱铺。银号不仅收入银两，还将银两兑出。此外这些银号不仅经营平常的银两买卖，还能发行银票，自己铸造银锭，上面盖有自家的商标，已具有初步的货币发行功能。

银钱业迅速发展，业务范围也不仅局限于兑换、汇兑或者保管业务，还延伸到存贷款等以前很少涉及的领域。这时的钱庄和钱铺、银号都手握雄厚的资本，实力绝非往日可比，它们甚至能决定一个行业的生死。

钱铺发挥作用的地方很多。因赌博而负债累累的人会找钱铺，因奢侈无度、铺张浪费而经济困难的人会找钱铺，甚至连各级官吏也会因为衙门缺钱而去找钱铺，毕竟清朝基层官员的俸禄是出了名的低，养家糊口都困难。

当然，由于条件所限，钱铺方面没那么多人手和精力去一一核实借款者的还款能力，所以一般都能借款成功。而且钱铺一般特别喜欢一掷千金的八旗子弟，因其信誉好，还款能力强，钱铺对他们也特别放心。一般旗人要兑换银钱，连保证质押都不需要，直接拿张纸写上身份姓名住址，盖个章记就能借钱，时人谓之"钱帖"。

钱铺的另一大主顾是牙行。当时各行各业都有牙行。牙行是做什么的呢？它们可不是普通的民间组织，而是得到政府承认的正式机构，其作用类似于现在的市场监督管理局，既有官方主导的，也有私人经营的。牙行能够凭借特权为买卖双方牵线搭桥，甚至还能代商人买卖运送储存货物、支付保管款项、代政府征收商税等，可以说市场上想做生意都得经过牙行之手。雍正十一年（1733 年），朝廷觉得牙行太多，妨碍贸易，谕令改行额定牙帖制度，全国总共发牙帖 18 万张，以后再想拿到只能"退帖顶补"。

虽然门槛提高很多，但看在丰厚的利润回报上，大家还是争先恐后地参与其中。为了凑够高额的入场费，大家或集体入股，寄希望于钱铺、银号的贷款。

而对于更多的行业来说，没有钱铺、银号简直就到了无法生存的地步。比如采矿业、交通运输业、大型生产业等一系列投入资金多、风险大、回收成本时间长的行业，不靠借贷的办法分散压力、降低风险，很快就会陷入生产经营困难的局面之中。而且对于这些行业来说，钱铺、银号简直比摆在案上的财神爷还管用，能在关键时刻帮助自己渡过难关。

对于银号本身来说，发放如此风险巨大的借款肯定要慎重，万一借贷人运输路上碰到意外情况，或者是偶遇什么天灾人祸，抗风险能力薄弱的店家搞不好就会资金链断裂，还钱的事恐怕也会落空。但腰缠万贯的大财主们可不会做无准备之事，他们放款会经过缜密的风险评估，风险要在可控范围内。

事实证明，银钱业的投入是有效果的。在商业经济发展的过程中，钱铺、银号与商人、放款人、借贷者之间构成了一个稳定的资金供应关系，从生产、运输、销售到最终分成等各个环节都离不开银钱业。每一个生产者、运输者乃至供货商都是链条的一环，成为钱铺、银号的忠实客户，为它们的壮大添砖加瓦。在银钱业最鼎盛时期，每次外地的银子刚刚运抵，就被各家钱铺、银号瓜分一空。

那么钱铺、银号如何评估贷款者的信用呢？这些金融机构对本地商家自然有充分的了解和足够的信心，它们会视规模等级不同的客户进行阶梯式放款。毕竟同为邻舍，大多数贷款者都会珍惜自己的名声，不会干卷款跑路之类的事情。当然也会有品德败坏之辈，干出伪造票据骗取贷银，或者私自分赃拒不认账之类的事，这也算是银钱业的经营风险了吧。

快速发展的金融业

清代除钱铺、银号外，实际上还有很多种金融机构，它们分别是账局、当铺、印局以及各种民间合会。

钱铺、银号为普通人的资金周转提供保障，为商人的生产经营活动保驾护航的则是账局。账局的资本规模一般很大，专门针对工商业字号甚至官员放款。由于经营账局所需资金甚巨，往往是合伙经营。

京城的账局就热衷于给官员放贷，毕竟京官缺钱。在贫富悬殊的京城，有钱的自己搞家账局经营，没钱的借债度日都是常事。因此官员对账局往往喜闻乐见，这些能与朝廷头面人物搭上线的账局若运用得当，能发挥巨大作用，借债者与被借者之间也能"加深感情"。这些借款被称作"京债"，数额较之普通借贷更为巨大，不过其间风险也不小，毕竟官场险恶。由于风险巨大，"京债"的利息往往要高于平常两三分。

大多数中小城市的账局没京城账局那么多资本，一般只能向商人或商号放贷，因为大家都是商人的身份，对彼此的主要需求和偿还能力心里有数。借贷关系建立在信用的基础上，所以相对来说偿还率高，风险性小。贷款方主要是晋商和徽商等经常需要长途货运的大主顾，另一些要进行零售分销业务的大商号也需要足够的资金支持。账局的经营范围相当广，连偏僻的城镇和农村都有分布，虽名为"放账铺"，但普通的小手工业者和小商人们也能在这里筹集到启动资金。

当铺就更加广为人知了。作为一种历史悠久的传统金融机构，任何人都可以去当铺抵押物品以换取一点救济时困的资金。明清时期，当铺已相当完善，连政府都参与了进来。清代内务府自掏腰包开了26家当铺，但是因为经营不善，最后被民间资本打得丢盔弃甲。

印局是可以提供无抵押贷款的高利贷机构。与正规贷款相比，高利贷的最大特征就是门槛低，甚至零抵押都能借到钱。它们发放的贷款每日或每十日就要还钱一次，本利合计，还一次盖一次印，故名"印子钱"。印子钱的数额仅为两三串，最多不过十来串，期限也比较短，有朝发夕收的，也有以百日为限的。但与所有的高利贷一样，印子钱利息很高，通常为月息三分至六分。这是个普通人难以承受的利息数，不少人因此被逼得家破人亡。

即使有这么多金融机构，最基层的乡村还是面临缺钱的问题，这时民间的合会就能发挥作用了。在"天高皇帝远"的地方，很多时候面对突如其来的困难，村民们就只能自发形成互助组织。合会一般有一个会首，为组织与领导者，带上一众亲朋邻里按期集会，每人出一点儿钱作会费，从而在关键时刻帮助受困者解决资金难题。

为了大家的财产安全，合会明立会规，写明借款明细与违约惩罚措施，印在会簿上交由每名参会者妥善保管。如果有人违约，则以地充抵，此外要从会中支取银钱，必须有专人作保，签字画押。

合会靠熟人关系连接而成，只有靠邻里乡党守望相助才能共渡难关。借款人与贷款者签订的是以血缘为纽带而形成的契约，违约者不仅会受到会约和会规的处罚，坏名声还会很快传遍十里八乡，别说是借钱，就算出门办个事都会遭人唾弃。正因为在乡村这个熟人社会，失信违约的成本太高，所以这种互助模式才能维持运转下去。

山西商人的经营之道

清朝道光年间，一个影响了中国金融业未来走势的重要机构诞生了，它就是票号。而票号，尤其以山西票号最为著名，它逐渐发展成一个在全国拥有完整金融汇兑网络、拥有众多分支机构的巨无霸式金融系统，对中国近代金融业产生了深远影响。山西票号的诞生，要从200 多年前说起，从山西商人的典型代表雷履泰说起。

雷履泰，一个从山西平遥走出来的农家少年，幼时因家贫，不得不弃学从商。或许是命运垂青，雷履泰在平遥城看杂耍时，与经过此地的西裕成颜料铺二少爷李大全相遇，两人相谈甚欢，于是李大全便让他到自家的颜料铺工作。雷履泰充分发挥出自己的经营才干，帮东家出力不少，很快便坐上了西裕成颜料铺大掌柜的位置。

不光在平遥城里，西裕成颜料铺在全国范围内都数得上号。除了平遥本地的总号外，北京、天津和汉口等地都有他们的分号，产品更是远销全国各地。雷履泰坐上这个位置，可谓风光无限，但他心里却不敢有半点懈怠。东家对他委以重任，他决心以自己所长干出一番事业，报答知遇之恩。

心思活络的他发现，彼时颜料铺主要经营一种叫铜碌的产品，但本地没有合适的铜矿。颜料铺只能从四川购买原料，顺江而下至汉口，再转运到山西，成品则主要运往京师或天津销售。在西裕成历任掌柜的苦心经营下，这套经销体系已传承了近百年，渠道已相当稳定，但雷履泰却发现其中有一个大问题。

商品在北京销售完之后要把货款原路押回平遥，但路途并不安全，即使有专人护卫，劫镖、丢镖的事也时有发生。所以他就学着京城商号经营汇票的经验，在自家的颜料铺里也开辟了汇兑生意，这样货款就不必长途运送，只需凭借一张小小的汇票就能从铺中取到现银。由于雷履泰一向讲信用，在平遥商界风评极佳，所以其他商号非常相信雷掌柜的为人，愿意把自家的货款存到西裕成颜料铺，或者在西裕成支取外地的货款。雷履泰也不会拒绝乡亲们的请求，顶多是收取一些手续费，即所谓"内贴"。

随着生意越做越大，雷履泰发现，做汇兑生意居然比老本行的收入还要丰厚，那何不专营汇兑呢？雷履泰与东家李箴视一拍即合，觉得此事可为，索性于道光三年（1823 年）将西裕成颜料铺改组为日升昌票号，总号位于平遥西大街。

日升昌的异军突起为平遥带来了一番新气象。看到经营汇兑业务有利可图，一大批山西票号纷纷成立，并随着山西商人的足迹迅速进入全国市场。平遥财力最雄厚的侯荫昌也适时而动，把自家的六家绸缎庄全部改成票号，而且位置就在日升昌隔壁，显然双方是较上了劲儿。

在两家大票号的带动下，一大批山西商人加入进来，他们或为邻里，或为亲朋，总之都是以血脉同乡为纽带集合在一起，互相提携帮助。这批人像开连锁店一般四处扩展生意，在商场打下一片天地。冯桂芳说："今山西钱票，一家辄分十数铺，散布全省，会（汇）票出入，处处可通。"[①] 票号的鼎盛时期到来了。

早期的山西票号的业务对象多在北方，既有商业汇兑的业务，也经营存放款。比如，有的商号要购置原料货物，但流动资金不够，山西

---

① 《用钱不废银议》，中国人民银行总行金融研究所金融历史研究室编：《近代中国金融业监管理》，人民出版社 1990 版，第 46 页。

票号可先行垫付，商号资金充裕时再补上垫款和利息。另一种情况则与之相反，商号会先给票号交纳货款，一段时间之后再向收款方缴纳，票号不仅不收汇费，还会付出一定利息。这种模式称之为"逆汇"，等于用一点利息买下资金一段时间内的使用权。这与现在的存款模式颇为类似。

19 世纪 60 年代之后，山西票号进入了疯狂扩张时代。北至包头、张家口，南至香港，西至迪化（今乌鲁木齐），东至上海，甚至连国外的日本和朝鲜，都能看见山西票号的影子。奔波于全国各地的山西商人靠自己的努力编织出一张巨大的金融汇兑网，哪怕只是在帝国边陲的一个小分铺存入银两，也能在繁华的苏杭之地足额取出。

在新进开埠的港口上海，山西票号迅速占领市场。19 世纪 50 年代的上海尚无山西票号，到了光绪元年（1875 年），便已有了 24 家分号。到后来，上海钱庄所存的各种公私款项都由票号经手，其财力可见一斑。同样在商业繁盛的九省通衢之地湖北，山西票号势头强盛，光绪七年（1881 年）在汉口就有分号 33 家，汉口也成为全国票号最多的城市。

山西票号在各地顺风顺水，一个重要的原因就是它特有的"钞能力"。山西商人深谙为商之道，从不吝惜手里的银子，只要钱庄需要资金，就能很轻松地从票号手上拿到低息贷款。通过这种大把撒钱的方式，山西票号与各大商号钱庄都建立了良好的合作关系，它们的上下游资金流动都要仰仗票号这个巨型"水阀"进行调节，借助这个稳定的渠道，盈利自然不成问题。

另一个重要原因就是强大的信用保障。这个时期，民众的口碑就是最好的广告。对于金融生意，最重要的资产就是信用，或者说是民众的信心。这比账上的真金白银更管用，有时甚至能决定金融机构的生死存亡。所以，山西票号格外重视自己的信用形象，他们遵守一个共同准则，那就是"以信为本"。

不管距离远近、金额多寡，票号都能准确、迅速地将资金送达到位；无论客户身份高低、职业贵贱，票号都秉持"认票不认人"的态度，以实际行动保障资金的万无一失。因此，当时很多人称赞道："但有外行失信于票庄者，从无票庄失信于外行者。"商民最终选择山西票号也正源于此。

当时有一个流传甚广的事例。说是某日，一个沿街乞讨的老妇人到平遥日升昌总部，拿着一张面值1.2万两银子的张家口分号汇票要求兑换。柜台伙计看了一眼，顿时吓了一跳，原来这张汇票是同治七年（1868年）签发的，距当时已有30多年了。1.2万两银子可不是小数目，有人觉得可以搪塞过去，不予兑换，毕竟一个老妇人也难去讨说法。不过掌柜不这么认为，他查了30多年前的陈年旧档，果真找到了与汇票相符的内容，于是如数兑换。这个故事流传出去，日升昌名声更盛，山西票号重信守义的形象也在普通老百姓心中扎下了根。

日升昌对自己的汇票如此有信心，离不开一套精致严密的防伪体系。众所周知，纸币是最容易造假的，即使在现代，也需要在纸张材料、油墨、刻板、印刷等多个环节严格把控，而票据的仿造更为简单。要知道，古代可没这么多先进的技术和设置，万一被居心叵测者看到流出的汇票，他们可以轻易地根据已有样式仿造出差不多的伪票，如果人人都拿着假票据去兑换，那票号距离倒闭就不远了。

为了避免这一情况，票号会在密码上做文章。一个很常见的方法就是用诗句来代表十个数字与单位，以及一年365天。比如，看到"堪笑世情薄，天道最公平，昧心图自利，阴谋害他人，善恶终有报，到时必分明"的诗句，你会想到什么？实际上这就是每月30天的代号。"生客多察看，斟酌而后行"，分别代表壹、贰、叁、肆、伍、陆、柒、捌、玖、拾，"国宝流通"则是代表万、千、百、十。

通过这样一套加密方法，令每张汇票都有了自己独一无二的"身份证"，票号只需对照密码本，就能查到相符的记录。当然这样也不保险，难防有心人破解出来，所以票号还会定期更换密码。密码本只有几个高级别的成员知悉，从而达到最佳的保密效果。在今日看来，这种防伪技术并不复杂，但是它在清代用了上百年，具备不错的防伪效果。这一切不得不归功于从业者的保密意识之强、管理制度之完善。

票号作为一种典型的家族企业，东家和掌柜是一种委托和代理的关系，即一方出资，一方出智，类似于现在公司中的股东和职业经理人。双方各司其职，东家要订立票号的发展方针，确定业务方向，还有利润分配等；大掌柜则专司经营，即使是大东家也不能随意干涉掌柜的决策，更不能对号内大小事情指手画脚。如果东家不能遵守这个约定，那掌柜大可以甩袖子走人。作为专业性的稀缺人才，专业能力强的掌柜往往会受到各家票号的青睐，所以有眼力的东家不会轻易放走任何一个有潜力的掌柜。

光有强将还不够，精兵也是业务能力的重要组成部分。山西商人想出了一种独特的激励办法，即股东出资为银股，掌柜伙计出力为身股，只要做得好，就能有身股。身股作为一种对优秀员工的嘉奖，全号上下都能从票号的发展中获得红利，士气自然就能够大大提升。不仅如此，员工的工资、年终奖、年假等福利措施也一应俱全。要知道那可是没有《劳动法》保护的年代，相较于同时期把工人当作机器使用的英国工厂主，山西票号给出的工作条件对中国最普遍的贫苦农民而言是相当优厚的。另外，山西票号在经营上有专业性分工，这也是它们能够迅速扩张的原因之一。

中国人自古讲究圈子，山西票号也是如此。票号内部人员，从大东家到伙计全部都是山西人，有人想要加入票号要先由保荐人"说项"，再经过多方面考察，包括身份背景、业务能力、道德水平等。这么一套烦琐的流程，普通人连进去的门路都找不到。而且票号内部的聘用与合作很多时候并不用合同，东家与受聘者一个口头协议就能达成，前者相信后者的忠诚，后者相信前者的信用，在此基础上才会达成合作。

这种办法放到现在来说，当然既不科学也不合理，但在当时自有它存在的缘由。山西票号本身就是一个封闭的小圈子，彼此知根知底，如果有人行为不端，很快就会传遍各家。到时不光亲友蒙羞，保荐人面上挂不住，自己名声也臭了，到最后落得个无人敢用的结局。这不是一个人的事情，而是关乎整个家族的声誉，所以正常来说不会出现大的问题。不过，这种方法也只能在小圈子里发挥作用，要搞成全国连锁乃至世界连锁，光靠血缘与地域关系肯定是不行的。不说有没有足够资本，光是找这么多山西本地人才就是个大问题。

山西票号有庞大的势力与财力，没有监管自然是不行的。可清代又没有银监会，要由谁来担负这个职责呢？这就需要行业内部自行组织的行业协会了，比如归化宝丰社、大同恒丰社、包头裕丰社等，这些名字中带"丰"的机构就是专门对票号进行监督管理的。这些机构的领导者被称作总领，由各大钱商轮流派人担任。它们的权力有多大呢？它们可以收缴假币，也可以调节银钱供应，还可以维持市场秩序，可以说跟现在中央银行的职能有部分相似。

票号与钱庄之间有着特殊的关系，前者会给后者放款，这样钱庄才能保证自己有足够的资金储备。如果钱庄碰上了经营或资金风险，票号还会主动出头，帮与自己有合作关系的机构解决问题。得到票号的保护，这个资格可不是谁都能拿到的，一定是有信用保障的钱庄。因此，票号和钱庄双方算是上下游的关系，显然类似于现在的中央银行和商业银行。

不过，这些民间金融机构再风光，也不能和国家意志相比。对于清政府来说，票号是不靠谱的，虽然很多时候自己也要依赖从票号那里借来的钱，但政府并不想把票号的那一套监管办法和管理手段拿到朝堂之上，更不愿意它们插手国家金融命脉。

暧昧的官商关系

除前文所述，还有一种不好宣之于口的事，那就是票号、钱庄等与清政府的关系。在古代社会，商户若想生意兴隆，一个重要条件就是打点好与官府的关系，甚至有时这还是决定性条件。而清朝有一种很流行的敛财方式叫作"捐纳"，说白了与以往的卖官鬻爵一样，都是拿钱买官。太平天国运动爆发后，清政府国库窘迫，为了筹钱无所不用其极，加大捐纳力度。但各省交上来的银子成色参差不齐，连归类统计都做不到，就更别提使用了。

这时票号就自告奋勇站出来，表示愿为朝廷分忧，它们与银号合作，把各省运解来的银子兑换之后再行上缴，这样就为朝廷省了不少手续。后来各省觉得千里迢迢押运过来再上缴实在麻烦，自己等得起，国库也等不起，于是就与票号合作，表示可以把上缴的银子存到票号，再让京城的票号代替自己兑出，以免长途运送。

于是票号顺理成章地将捐纳业务承包下来。有了一套风光的官方身份，做什么事情都方便了很多。甚至连日升昌的大股东李箴视也花

4000两银子捐了个知府，其他大大小小的票号当然也少不得为自家人安排个一官半职。虽然靠捐纳得来的基本都是虚职，但也足够光耀门楣了。而且在与官府打交道时，不必再低眉顺眼，对未来业务的发展大有好处。

当时，官场上的"老油条们"都知道，如果能与京城中的达官显贵搭上线，未来飞黄腾达的日子也就不远了。由于与朝中上层关系良好，票号就成了一个很合适的渠道。为求得紫禁城里一句好话，各路人物可是使出浑身解数，京城里的大票号每天都能收到大笔存款，白花花的银子把库房堆得满满当当。

既然捐纳的难题可以解决，那么地方上缴中央的京饷和中央拨付地方的协饷是否也可以通过此种办法办理？清政府刚开始自然是不乐意的，因为自古就有"严禁交商会兑"的要求，也就是说国家财政大事岂能轻易交于商人之手？不过，太平天国运动来势汹汹，全国上下都乱成了一锅粥。交通阻绝，路途不通，再要求款项及时到位显然是不可能的。从闽海关开始，粤、赣、川、湘等南方省份不愿意继续等待，早早地就开始利用票号进行京饷、协饷的汇兑。

可是，朝中还是有不少人仍然固执己见。他们声称没有各地运来的银子，京城银贵钱贱的局面岂不更加严重，因此要求票号为京城银荒的后果负责。但是，都火烧眉毛了，哪还能顾及银荒的后果？好在大多数人还是有头脑的，在各省纷纷选择票号汇兑的情况下，朝廷不得不放弃官运官解，装鞘现的要求，允许京饷、协饷通过票号汇兑。

整个太平天国运动时期，山西票号为清政府做出的贡献可谓巨大。据统计，从同治元年（1862年）到光绪十八年（1892年）的31年间，依靠山西票号汇兑的京饷达到5857万两白银，平均一年189万两。可谓拯国家于危难，解财政之困厄。

镇压太平天国运动之后，双方的矛盾立刻显现出来了。虽然票号得到进一步的扩张，但在朝廷看来，山西票号头上的"民"字是一道迈不过去的坎。作为一国统治者，皇帝再如何昏庸也不可能容许民间金融资本把持国家财政命脉，更何况是公款汇兑这种敏感之事。

而且由于立场不同，双方对同一件事的态度也大不相同。比如很多学士家庭贫寒，连参加科举应试的路费都没有，票号就会择其优秀者予以资助，以期金榜题名之时互相扶持。可能在票号看来，这是互惠互利的，但是从官府角度来说，结党营私的红线是绝对碰不得的。

还有很多票号为了巩固自己的政治地位，经常会使出"银弹"攻势，即结交朝中大员和地方权贵，希望其充当自己的保护伞。受资助者为了感谢票号，也会将大笔公私款项存入票号。在很长一段时间里，票号对存入的公款甚至连利息都不用支付，大可以放心地贷出去收息，靠这笔巨大的流动资金，哪怕资本总额只有十几万两的票号，也能放出上百万的贷款。

随着官商利益的进一步结合，两者的身份界限也变得模糊起来。商可以为官，官亦可以从商，不少官员干脆亲自"下海"，与商人合伙经营票号。在朝廷看来，官商勾结自古即是大忌，更何况赤裸裸的利益输送和假公济私？票号此举实在是居心叵测，必须予以严惩。

山西票号的掌柜们满以为自己帮助朝廷解决麻烦，大可以躺在钱堆上过日子，不过现实却给了他们当头一棒。朝廷对票号的"越线"行为深深忌惮，很快就揪出了许多帮助贪污官员隐匿赃款的票号，不少都被查抄资产并永久封停，山西票号也为此付出了惨痛代价。

后来朝廷直接发布谕令，禁止各省通过票号上缴银两，一定要现银运送，实在太远运不过来的，就指定一家银号在京城设立银炉，所产之银专门用作户部收入。这看起来是个两全其美的办法，用不着票号插手，也就减少了徇私舞弊的可能，但清政府还是低估了实施难度。利用票号进行汇兑有着明显好处，首先是安全问题，就算没了太平天国，这世道也不安宁，各种土匪海贼层出不穷，万一半道上出了差池，谁能负责？其次是成本问题，要保证安全就得雇镖师，一路上旅途劳顿，这押运费和路费又耗资几何？还有各省的银两标准并不统一，运抵京城后还得重新熔铸，火耗也不是个小数目。说到底还是利用票号汇兑最为省心省力，故而各省纷纷反对朝廷谕令，此事便不了了之。

来自外界的挑战

山西票号几乎垄断了清朝的金融业，但它依然面临外部的挑战。洋行的进入便给了传统金融业沉重一击。到清朝末期，基本上人们都习惯用银圆了。不管是花旗银行、汇丰银行还是横滨正金银行，它们发行的货币在自己的利益范围内都获得了认可。更重要的是，这些外资银行的纸币还可以兑换银圆，这就使它们在与票号的竞争中获得了巨大优势。

另外还有经营方式的问题。在新的时代到来之后，传统票号猛然意识到老一套的办法不管用了，尤其是在天津、上海、汉口这些最早开放的外贸城市，传统票号在各个层面都遭到沉重打击，论资本储备、业务规范、存贷款利率，哪一样都比不过外国银行。

虽然金融业最重要的就是信用关系，但票号靠熟人保证信用，而外资银行则用契约，两者一对比，票号的劣势就凸显出来。以前在不大的小圈子里，客户与传统金融机构的信用是有保障的；可到了大城市，来自天南海北的客人并不一定会遵守票号的规矩，就算他们欠钱不还或是违背合同，票号也很难进行追责。反过来，外资银行这方面的问题就不太严重，有契约在手，违约者必会被追责。

皇家银库

相较于以前的王朝，清帝国的金融产业可谓相当繁荣，但浮华的背后却是不受政府监管的现实。大家都遵纪守法还好，如果有钱铺银号贪图厚利，故意操纵银钱价格怎么办？对于金融这种可以影响国计民生的产业，清政府不可能视而不见，必然会采取有针对性的办法进行约束。

早在嘉庆年间，朝廷便下令"开张钱铺者，必令五家互出保结"，并沿用下来，成为定例。可到了后来，管理措施就成了空文，清末的钱荒如同飓风一般横扫各行各业，所到之处百业萧条。这让平时一直惨淡经营的钱铺嗅到了商机，它们削尖脑袋想要从中分得一杯羹。但它们大多资本窘迫，多的达千两左右，少的才一二百两。所以，滥发钱票之类的事就屡禁不止，无形中把本就高昂的银价再度抬高，整个北京城的金融体系几乎崩溃。

后来，清政府清理了一批又一批的官票，但钱价还是如同坐过山车一般骤起骤落。大多数钱铺经不起这样的刺激，纷纷出局。还是有几家实力最强者坚持下来，比如京城有名的银号"四大恒"，即恒利、恒和、恒兴、恒源4家联号，它们都集中在东四牌楼一带。其创办者大多是浙江宁波和绍兴人，他们充分发挥了江浙人士的经商头脑，而且与官场上各色人物关系密切，有足够倚仗在京城立足。

到了咸丰年间，清政府自己也组织了9家官银号，分作"乾"字号

4 家和"宇"字号 5 家，全都交由商人经营。

虽然清末经济混乱，可民间商业活动却很频繁，各家商号亦是水涨船高，到后来以四大恒为代表的大银号在京城更是一个赛一个地声名显赫，成为京城一景。

光绪二十六年（1900 年），官银号的银炉被大火焚毁。由于缺少银两补充，京城的一大批钱店不得不暂时停业，普通老百姓的生活也受到影响，处理不好又是一轮银钱波动。于是，清政府赶紧让户部拨款 50 万两白银，再加上内帑银 50 万两白银，紧急送往几大官银号，这才勉强维持住市场稳定。这说明，几个实力雄厚的官银号的确已经具有了影响国家命脉的能力，甚至可以依靠自己的财力对经济实行一定调控，初步具有了国家银行的雏形。

朝廷对官银号如此支持，一个很重要的原因是它们也是皇室的大金主。官银号的一大客户就是内务府，内务府是为皇室服务的部门，皇族花费多赖于此。太平天国运动严重影响了清廷税收，这种情况下内务府也没钱。可皇族用度又不能削减，内务府只好转头求户部接济。根据户部的统计，从咸丰七年（1858 年）到光绪九年（1883 年）的二十几年间，内务府总共从户部借去了 3265 万余两银子和 175 万贯钱[①]，只是大部分都打了白条，且只偿还约 1/3。这让户部很不高兴，皇家内库岂能屡屡向国家财政借钱，难道打仗不要花钱，国家建设不要资金吗？于是生硬地回绝道："内府、外库定制攸分，各宜量入为出，不可牵混。"[②] 意思是大家划清界限，量入为出，自收自支，可千万别搞混了。

---

① 《清内务府档案文献汇编》，《国家图书馆藏历史档案文献丛刊》，全国图书馆文献缩微复制中心。

② 《清内务府档案文献汇编》，《国家图书馆藏历史档案文献丛刊》，全国图书馆文献缩微复制中心。

向户部要钱不成，内务府只好把目光投向他们经常光顾的银号。内务府开始还放不下面子，认为只是临时借用而已，到后来就越发离不开银号。随着时间的推移，借款频率越来越高，借款额度越来越大。最后，银号借款竟然已占到内务府财政来源的一半以上，单是光绪二十年（1894 年）为了给慈禧太后祝寿，内务府就从银号借了 100 多万两银子。

之前，银号看在朝廷的面子上，都会很爽快地答应贷款请求，但也扛不住年年如此。商人的钱也不是大风刮来的，自然心生不满，屡屡向当朝抗议，结果自然是白费工夫。清朝还洋人的赔款都很艰难，哪里还有余力考虑这些商人的请求？每年还款数额都不敷借款，以至于最后新债垒旧债，直到清朝灭亡也未能还清，又成了一笔烂账。

1883 年上海金融风暴

光绪八年（1882 年）是上海著名的大商人徐润最为志得意满的时候，作为当时全国最大的茶叶出口商和房地产商，他在商界可是大名鼎鼎。徐润常常先把房屋抵押给票号或银行，换取资金之后再购置房产，然后继续抵押。他还是个特别有商业眼光的人，每次他都能看中最具有发展潜力的地段，以低廉的价格买下，经开发后再高价卖出，一来二去就积累了大量资产。

上海优越的经济地位也为徐润的崛起制造了绝佳条件。彼时的上海可谓商贾云集、贸易繁盛，来来往往的商船把港口堵得水泄不通。在这样的基础上，外国银行、钱庄还有票号在整个上海遍地开花。以这三者为基础，一个新的东方"魔都"崭露头角，可以说任何人都可以在这里找到适合他们的金融服务。

　　这里就像一个沸腾的红海，是冒险家和投机者的乐园。光绪四年（1878 年），李鸿章开办了开平矿务局，要在上海招股 100 万两。轮船招商局的经验告诉商人们，洋务企业盈利的可能性很大，所以大家都踊跃响应，很快便筹集到足够的资金。事实也证明他们的选择是正确的，新式企业的建立给他们带来了巨大回报。

　　有了先例，上海的商人一时对招商集股充满了热情，每次有新公司开市，都会围上来一圈想要入股的商人。在这种热烈气氛下，上海的股价一路攀升，进一步刺激了更多人投资入股。

　　可就在这时候，一个巨大的危机到来了。1883 年初，一家叫作金嘉记丝栈的大商号因亏损 56 万两白银而倒闭。这引发了一系列连锁反应，金嘉记的倒闭让上游的 40 多家钱庄贷出的钱收不回来，为了弥补亏损，它们只好暂停发放新贷，并尽量收回旧贷。这下被收回贷款的商号就麻烦了，正常来说，商号并不会预留太多流动资金，一旦资金链断裂，就是倒闭的下场。

　　果不其然，很快上海的商号就如同多米诺骨牌一样倒下，倒闭的商号没办法归还钱庄的贷款，所以连带着钱庄也倒下一大片。谁能想到一家商号倒闭竟会带来如此严重的后果！本来高涨的股市瞬间被打入冰点，整个市场陷入混乱。作为上海房地产龙头的徐润损失最为惨重，由于大部分房产都是靠抵押贷款而来，他的固定资产在这场风潮中瞬间蒸发大半，手上的股票几乎成为一张废纸，而且此时的徐润还身负 250 多万两白银的债务。他苦苦挨到光绪九年（1883 年）十一月，不得不宣布破产，并拿出全部资产抵债。

　　一个在上海叱咤风云多年的商界巨子就这样倒下了，但危机带来的后果还远没有结束。

　　胡雪岩也是一位清代的著名商人，他原本是一名普通的徽商，靠着帮左宗棠的湘军办后勤起家，在各省开办了 20 多家阜康银号，是当时有名的"红顶商人"。可就是这么一个响当当的人物，却在晚年吃了大亏，甚至以一个悲剧的姿态从政治舞台上黯然退场。

光绪八年（1882 年），胡雪岩在上海开办蚕丝厂。当年，浙江蚕桑叶遇到虫害，而且气候不好，出现生丝减产。胡雪岩以为国外也是如此，便花了 2000 万两银子买光了国内的生丝，据估计折合 15000 担，打算借此机会卖个好价钱。没想到意大利没受到气候影响，生丝丰收。洋人可不想让胡雪岩坐地起价，于是控制海关阻止中国生丝出口，胡雪岩进退两难，最后只能低价处理，亏损整整 800 万两。损失之巨，强如胡雪岩这般的大商人也难以承受。胡雪岩没有料到的是，这不是一场简单的投资失败，而是他商业生涯的终点。

胡雪岩曾帮左宗棠办后勤起家，从此得其赏识，后来左宗棠组建洋枪队"常胜军"，创立福州船政局，西征阿古柏叛军时，胡雪岩都出力不少。因此他官运亨通，平步青云，成为人人艳羡的红顶商人。

但麻烦也随之而来。左宗棠与李鸿章两人不和，作为左宗棠的得力助手，胡雪岩自然也不招李鸿章待见。此时李鸿章也有自己的钱袋子，那就是积极参与洋务的官办商人盛宣怀。李鸿章要扳倒左宗棠，必先拿掉胡雪岩，而这次上海金融风暴就是一个绝佳的机会。

因开办蚕丝厂而元气大伤的胡雪岩只好从自家的阜康银号调款来应对危机。但在李鸿章势力的刻意渲染下，正常的调款却被说成是挪用存款，于是生怕自己财产有失的民众纷纷到阜康银号取款兑现，一场规模浩大的挤兑风潮就此爆发。盛宣怀的商帮也行动起来，他联络各家与自己有业务关系的商号，共同参与这场对胡雪岩的阻击战。他们一方面散布对阜康银号不利的消息，一方面暂停自家商号与阜康的业务往来。

　　作为一个名声显赫的商业人物，胡雪岩的能力毋庸置疑。但如今，事态的发展已超出了胡雪岩的掌控范围，前来取款的民众几乎踏破了银号的门槛。另外，在盛宣怀的授意下，各大商号纷纷表示财力不济，不能向阜康银号抽借资金。而且外界各种不利消息充斥大街小巷，有的说阜康银号日不久矣，如今已在大批抽逃资金。有的则是更加言之凿凿，说是各地分店都在转让，有的已经人去楼空。内外交困，再加上恐慌情绪的无止境蔓延，阜康银号举步维艰。

　　就在这个当口，法国人也跑来凑热闹。中法战争爆发之后，法国军舰跑到吴淞口，声称要进攻江南制造局，整个上海人人自危，商业进一步陷入严重萧条，物价急剧下跌，各钱铺赶紧收回贷款。这让胡雪岩的处境雪上加霜。光绪十年（1884年）的冬天，可能是胡雪岩人生当中最为难熬的一个寒冬。那一年，阜康银号分号在短短几个月里便纷纷倒闭。再然后，一纸"贪污挪用国家粮饷"的举报信飞至朝廷，给胡雪岩以致命一击。到了光绪十一年（1885年），胡雪岩不得不宣布破产。

　　阜康银号的倒闭震惊了全国。这可不是一家普通的银号，而是一家规模庞大、辐射全国的巨型银号。全国许多钱庄商号都与阜康有紧密的业务关系，这个庞然大物的倒下必然会砸死一大片钱庄，连京城有名的恒兴、恒和、恒利、恒源这"四恒"钱庄也没能逃脱厄运。

　　光绪十一年（1885年）9月5日，左宗棠在福州病逝。四个月后，胡雪岩也郁郁而终，此后盛宣怀崛起。

　　这场风暴并不限于上海，还波及全国乃至与清朝有业务关系的洋商，影响极大。无数普通商人和钱庄掌柜纷纷宣布破产。中国人可能是第一次体会到金融风暴的恐怖，在这场风暴中，传统的钱庄弊端暴露无遗。当时的钱庄仍然习惯靠信用贷款，很多时候并不需要抵押物。可当风暴真的到来，没有压舱物的巨轮很容易失去控制，并引发连环碰撞事故。而钱庄相较于票号本来就势单力薄，资本和规模都不足，更容易在风暴中沉没。从这之后，传统金融机构的处境变得越发恶化了。

走向现代银行的第一步——中国通商银行

在中国，银行这个名词最早出现于太平天国运动时期洪仁玕所著的《资政新篇》之中。另外，留洋归来的容闳也建议太平天国统治者要"创立银行制度及厘定度量衡标准"①。称其为银行，并不是生搬硬套国外的词语，而是来源于中国本土化的改造。中国人习惯以"行"称呼各大商业机构，比如著名的广州十三行，或者是各业行当，那么经营银钱业的金融机构自然也就称之为银行。但这个名词真正在中国流行，要等到30多年之后。

光绪二十三年四月二十六日（1897 年 5 月 27 日），上海外滩一家新成立的企业举办了开业典礼，引起了社会各界的瞩目。这就是著名的中国通商银行，其创办者是炙手可热的督办全国铁路事务大臣盛宣怀。作为中国人自己开办的第一家银行，中国通商银行可以说是中国银行业的开山鼻祖，并享有诸多殊荣。这样一家重要银行成立的背后又有怎样的故事呢？

19 世纪 60 年代，洋务运动轰轰烈烈地开展起来，一时间大江南北各个工矿企业都挂起牌子，但资金不足是个大问题。要搞工业、买机器、雇人员，哪个不是烧钱的生意？朝廷给不出太多的支持，洋务派不

---

① 容闳著，沈潜、杨增麟评注：《西学东渐记》，中州古籍出版社 1998 年版，第 20 页。

得不向外资银行或洋行大举借债。

这时候，中国第一个外交使团出使各国后终于归来，第一批留洋学生也在不久之后陆续学成归国。他们带来了许多国外的新闻，其口中的西方诸国之思想自由、风气开放简直闻所未闻，即使是思想前卫的新锐人士也不禁大为感慨。其中一点尤其引起洋务派注意，那就是西方人的银行在经济活动中发挥的各种功能。自 1407 年第一家银行在威尼斯成立，银行在西方已走过 400 多个年头，并发展出一套完整的汇兑、存储、抵押等流程，较之传统银行有明显优势。在欧洲历次大战中，各国都习惯以发行国债的手段筹集战争资金，银行对于工业建设的作用更是无法估量。

1870 年的普法战争中，参战双方都充分利用了银行的功能。法兰西第二帝国战败，要赔偿 50 亿法郎，按金本位换算等于 7.2 亿两白银。法国竟然以银行发行国债的方式迅速还清了如此庞大的款项，民众认购数量高达 20 亿法郎。大清帝国的官员们看着法国的动员能力，再看看自己所面临的财政状况，实在是五味杂陈，中国人第一次深切地认识到银行这种新鲜事物的能量。

同治九年（1870 年），年仅 26 岁的盛宣怀成为李鸿章的幕僚。作为一个有理想有抱负的青年，他对国家的前途与命运抱有深深的忧虑，每日苦思救国之策。在李鸿章官署的这段日子，盛宣怀亲眼见证了轮船招商局、开平矿务局、上海机器织布局还有天津电报局等著名洋务企业的创办过程。在这个过程中筹款的难题一日不曾消散，财政窘迫如同一座大山般压在每一个人的心头，盛宣怀也有了建立银行的想法。

在盛宣怀的规划中，铁路和银行都是要紧之事：前者为工业之基石，后者乃筹资之良方。欲行工业建设，则两者不可偏废。但是铁路建设投资大，需求高，收回成本遥遥无期，而且有很大的亏本可能。搞银行就容易一些，最重要的就是资金到位，建成之后其预期收益也很可观。

当然，还有一个很重要的目的就是抢占金融市场。彼时的中国早已被外国资本渗透，在中国通商银行成立前夕，帝国主义国家在华设立的银行已有 20 多家，著名的有英国汇丰银行、法国东方汇理银行、德国德华银行、日本横滨正金银行和俄国华俄道胜银行等多家。盛宣怀知道，即使不为赚钱，只为守护住最后的经济阵地，不让外资银行肆意掠夺中国资产，也必须开办中国人自己的银行。

可办自己的银行谈何容易？光绪二十二年（1896 年），盛宣怀意外得知俄国人打算在京城开设中俄银行，海关总税务司的赫德也打算募集商股开设中英银行，心中更是急迫。他知道，此时被洋人占先可就大事不妙，于是赶紧上书请求创办中国人自己的银行，并请求张之洞、翁同龢等人进行协助。只是这个过程并不顺利，张之洞意味深长地告诫盛宣怀："作为督办全国铁路的重要人物，虽然事极荣耀，却也危机四伏。你可知你现在可是众矢之的，多少人都指着这事做文章。你说是为铁路招股而设银行，可在别人看来就不是么那回事了，如果被扣上'专权'的帽子恐会断送大好前程。故设立银行兹事体大，关乎阁下声名，还望知之。"

张之洞也是一片好心，不忍看盛宣怀独自面对风险，所以主张设立银行一事还是由南北洋大臣一同招商开办，这样不管事成与否，都与盛宣怀无关。但盛宣怀想亲自创办自己的银行，于是再次陈述自己的想法，光绪二十二年十一月初二（1896 年 12 月 7 日），光绪帝正式下谕允许盛宣怀招商集股，设立银行。中国人自己的银行终于有了眉目。

虽然有皇帝的支持，盛宣怀的银行之梦也并不顺利。先是西方国家跳出来阻挠。俄国道胜银行董事长听闻此事，专程赶到北京要求参股，把新银行改作中俄合办，并由盛宣怀出任督办。后来，法、奥两国也希望能将新银行与法奥银行合并，并开出了优厚的条件。

西方银行代表的要求遭到盛宣怀的严词拒绝，他表示中国人的银行就该由中国人自己来办，"通商银行更关紧要，势难与外国银行合并办理！"[1] 以强硬的态度回绝了洋人。

除此以外，银行的设立也会触及传统银钱业的利益，所以顽固派想方设法地给盛宣怀使绊子。总理衙门对银行章程、账目管理乃至钞票发行流程等细节提出一大堆质疑。

此外，还有拿着盛宣怀个人问题做文章的，指其专权跋扈，颇为诛心。在当时不少人看来，中国通商银行就如同一个奇怪的四不像，"不官不商，亦官亦商，不中不西，亦中亦西"[2]，实在是奇怪。

面对种种诘难，盛宣怀实在难以招架，关键时刻幸得李鸿章出面支持。以李鸿章在朝中的地位，就连总理衙门也拿盛宣怀没办法，只好同意了银行的建立及其章程。

解决了内外的阻挠，就要正式筹集股金。作为一家商办银行，商人对是否要引入官股还是颇有疑虑。大家心里都清楚清政府的底细，谁知道引入官股会不会让朝廷借题发挥，加以干涉。对此，盛宣怀出面向大家承诺，这些官方资金并不会作为股份加入，而是以年息5厘、6年为期分期借还，这样既能保证银行的资金，又能避免政府的过度干涉，大家可以安心经营。

---

[1] 中国人民银行上海市分行金融研究室编：《中国第一家银行——中国通商银行的初创时期》，中国社会科学出版社1982年版，第89页。

[2] 中国人民银行上海市分行金融研究室：《中国第一家银行——中国通商银行的初创时期》，中国社会科学出版社1982年版，第85页。

经历了重重艰难险阻，中国通商银行终于成立。盛宣怀也履行了自己的承诺，这家银行的确成为中国人自己的金融机构。光绪二十三年（1897 年）成立以来的 3 年中，中国通商银行对工矿业的贷款共计 214.8 万两白银，分别占当年贷款总额的 36%、26% 和 45%，其贷款对象有汉阳铁厂、萍乡煤矿等一大片工矿企业[①]，在中国近代民族工业发展史上占据了极为重要的地位。

玩不转的股票

甲午战争结束后，清政府面临巨额赔款，战争赔款加上"赎辽费"共计白银 2 亿多两，而彼时清政府的全年财政收入只有 8900 万两。巨大的财政压力沉重地压在每一个人的心头上。这时有人想到，既然西方国家可以以发行公债的方式筹集资金，那中国为何不可？

光绪二十四年（1898 年）初，詹事府右春坊右中允黄思永上了一道奏折，表示虽然政府没钱了，但民众兜里还有余钱，所以何不"合天下之地力人力财力，类别区分，各出其余，以应国家之急；似乎四万万之众，不难借一二万万之款"。即鼓励民众为国家慷慨解囊，似乎只要人人献出一点"爱心"，问题就可迎刃而解。

而这份爱心用何表示呢？黄思永的办法是股票。说是股票，其实更类似公债，至今很多国家都将此作为筹集资金的重要手段。按照光绪帝的想法，可以先发行总额为 1 亿两白银的股票，分为 100 两、500 两和 1000 两 3 种，年息 5 厘，以田赋和盐税作抵押，分 20 年还清本利，前 10 年付息，后 10 年本息并付。王公贵族和将军督抚以下的所有人，

---

① 中国人民银行上海市分行金融研究室：《中国第一家银行——中国通商银行的初创时期》，中国社会科学出版社 1982 年版，第 45 页。

不分官职高低都要购买股票，起个带头作用。他信心十足地认为，用这种办法，于国家、商民均无损失，肯定能收到奇效，估计一年就能收回成本。

不过他忽略了一件事，想要达到国家、民众双赢的结果，一个必要条件就是清政府遵守按时还款的原则，且本息丝毫不差。否则民众损失资金，国家丢掉信用，只会是双输。

为避免双输，黄思永坚决不同意由官府发行股票，他深知下面的官员是个什么样子，股票发下去能被民众顺利认购的，恐怕只有一成之数，所以必须由民间金融机构负责发放，才更稳妥。按照规定，指定一些有资质的票号，允许它们发放股票，并在到期后为商民发放本息。最大的难题是怎么说服大家购买股票。虽然这种股票名字是"昭信"，取"就认股数目以昭信守"之意，但清政府信用堪忧，万一官府翻脸不认人，这些股票恐怕全都会沦为一堆废纸，所以没人敢把宝压在官府的信用上面。即使清政府承诺，昭信股票允许抵押、交易，就算不满意也可以随时脱手，不至遭遇太大损失，还是无法打消商人们的疑虑，以致应者寥寥。

这给了各大票号很大的压力。清政府给各省都下了摊派指标，还有相应的奖励标准：募集债款白银10万两以上的人，由各省报请授奖；花1万两以上购买股票者可授予官位。所以票号只能硬着头皮接下任务，至于如何卖出足够的股票，就要看大家的神通了。官银号背靠大树好乘凉，借着与官府的关系，吸纳了大量股金，刚刚成立的通商银行发挥作用，认购了一大批。但京外的票号就没那么好运，基本只能指望官绅和商会的支持。

上海源丰润的掌门人严信厚虽身家百万，也不得不恳求钱业同人伸出援手，共克时艰；湖南巡抚陈宝箴则亲自召集各绅商开会，动之以情晓之以理，勉强凑够了数额。其他各省也是如此，把富豪绅商专门请来，非要让他们赞助一笔不可。

虽然光绪帝再三强调"商民人等愿借与否，各听其便"，可落实到地方，就完全不是那么回事了。在"业绩"的压力下，各省只能想出种种法子"劝募"。他们找遍了本省有名的绅商和钱庄，以半胁迫的手段要求大家倾囊相助，搞得怨声载道，股票在各地都受到抵制。

商人的不情愿直接体现在市场上。由于昭信股票允许售卖转让，大家都不想让这块烫手山芋留在手上，于是拼命想办法转手，哪怕是半价出售也要让出去，以致这款股票人人避之不及。不过，这倒便宜了不少投机者，他们拿着无人愿领的股票哄骗不知情者，把这潭水搅得更加浑浊。

昭信股票仅发行了半年多，总共发行 1000 万两。中国第一次发行公债的尝试就这样落幕了。政府的信用破产是发行不利的主要原因，连劝募者自己都不想买的股票，要求民众接受谈何容易？而更多有指标任务的地方官员，为了完成指标，只得强行摊派。在当时的社会条件下，股票的确不是能够轻易玩转的事物。但不可否认，这次失败也为后来者提供了很多有益经验。

夹缝中的山西票号

作为当时中国金融业的翘楚，虽然山西票号拥有自己发行的银钱票，但清政府并不认可，度支部很明确地要求："从接到客文起半月内，各省未发行的银钱票，无论官商行号不得继续增发，已经流入市场的要逐步收回。"光绪三十四年（1908 年）的《通用银钱票暂行章程》中更是明确规定："自章程颁发之日起，新设的官商银钱行号不得发行银钱票。其余经政府批准可发行银钱票的各行号，只得以现行发放数额为准，不得超越。"看得出来，朝廷的严厉管控彻底断了票号拿银钱票做正式货币的念想。

此外，票号还遇到了与银号相同的问题，即官府习惯性的欠债不还。票号和官府关系不睦，于是清朝官员想办自己的国家银行的时候，商人不愿意奉陪了。光绪三十年（1904 年），户部计划筹资设立户部银行，资本总额 400 万两白银，户部自己筹一半，还有一半以招商入股的方式筹集，结果应者寥寥。于是户部只好向江浙丝绸商人求助才筹得资金。

光绪三十一年（1905 年），被清政府寄予厚望的户部银行正式成立，他们满怀信心地表示"以中国之银，供中国之用"，以为清朝必然可以由此摆脱被外国资本掐住脖子的命运。3 年后，可能是认为户部银行的名字不能代表整个清帝国，所以换了个招牌，叫大清银行。这也算是官方钦定的中央银行了。

作为中央银行，当然不能自己管理自己。按照《大清银行章程》，度支部会派监理官对大清银行进行监管，户部也有监事员进行监督。除此以外，地方政府也有权利对地方各支行进行监管。这是中国第一次以法律的形式确定对银行业的监管方针。

户部银行成立之后，票号就不再经营官款汇兑业务，而且各省的官银钱局也纷纷成立，银号钱庄有了强劲的竞争对手。

在数百年时间里，中国的银行业从钱铺到银号，再到后来的票号，总体上都处于一种野蛮生长的状态。它们既不用在官府注册，也不需受到政府监管，更没有针对性的法律法规。缺乏契约约束是它们有别于现代银行的一个重要特征。19 世纪后期各种银行纷纷出现，清政府意识到需要对银行业进行监管。

光绪三十四年（1908 年），度支部制定了《银行通行例则》，对银行的性质做出了明确规定，需要有以下业务才能注册银行："一、各种期票汇票之贴现；二、短期拆息；三、经理存款；四、放出款项；五、买卖生金生银；六、兑换银钱；七、代收取公司、银行、商家所发票据；八、发行各种期票；九、发行市面通用银钱票。"这是第一次对银行业务做出了如此详尽的定义，而那些只兑换银钱的钱铺银号则被排除在银行范畴之外。如果不具备银行资质，今后都不能再进行存款汇兑业务。

这等于断了票号、银铺的生路。蔚丰厚票号北京分号经理李宏龄心急如焚，他亲自给山西各总号的负责人写信，表示票号到了生死存亡的关头，再不赶紧改组成银行，恐怕山西票号真的就成历史名词了。他还在信尾写道："或问开银行后即可保票号不废乎？不知正以票号不能久存，故立银行以补救之。纵使票号尽废，有银行尚可延一线生机，否则同归于尽而已。"

其实在早些年，票号在国内金融业还是很有话语权的。光绪二十九年（1903年），袁世凯就托人询问山西票号是否要加盟天津官银号。那时山西商人们担心有诈，并未同意。后来筹建户部银行和改组大清银行的时候，户部都希望山西票号能够出资入股，共同组建中国第一家中央银行。但对朝廷并不信任的山西商人一口回绝："不仅不入股，人亦不准加入。"

当时，山西商人以为自己躲过了一次大麻烦，没想到最麻烦的事情还在后面。而面对巨大的经营困境，山西商人只能想法自救。李宏龄联合多地票商一致请求总号顺应时势，赶快成立银行，但总号并不太想改变现状。李宏龄几次亲面总号的负责人，也未有成效。李宏龄在山西票号退出历史舞台之后还写了回忆录，叫作《山西票号成败记》和《同舟忠告》，痛陈票号失败经验，不过那已是后话了。

大厦将倾

随着清帝国的日渐衰微，山西票号的经营困境也越发严重，而就在帝国最后的日子里，一场新的危机席卷而来。

20世纪初，汽车工业的兴起带来了全世界的投资热潮，其中尤以橡胶工业为重。作为不可或缺的一种汽车原料，橡胶的价格在世界市场一路攀升，在中国，这种神奇的材料被称作橡皮，而上海的金融市场也热衷于炒橡皮公司的股价。

当时，一个叫麦边的英国商人满怀梦想创办了一家叫作兰格志拓植的公司，并在上海贩卖橡胶股票，他相信自己能够在这片神奇的土地上创造辉煌。然而在当时的上海，有太多像他一样的商人，麦边公司的橡胶股票如同大海中的一朵小浪花般毫不起眼。为了宣传自己的股票，麦边苦思冥想，写出了一篇长文，名叫《今后之橡皮世界》。在文中，他详尽地描述了橡皮的作用，并勾勒出一幅美好的图景，将橡皮描绘成一个未来世界不可或缺的重要商品。

可能连麦边自己也没想到，这篇文章一经刊出，就收获巨大反响，不少人看到这则报道，争先恐后地投资橡皮股票。而在大洋的另一端，伦敦的橡胶股市也迎来了爆发。从1909年起，橡胶的股价如坐火箭一般猛涨，1910年股价已达到153便士，是1908年的5倍。而彼时橡胶种植的成本是多少呢？只有18便士。

高昂的利润冲昏了每个人的头脑，不管是投机者还是普通商人，他们将整个市场的温度炒得越来越高。一大堆橡胶公司的股票在市场上突然冒了出来，打着各式各样的旗号进行兜售。兰格志的股价更是在几天内就从 100 两白银迅速飙升至 1000 两白银，最后在经历一个月的暴涨后，稳定在 1400—1500 两白银。这是个令人难以想象的成绩，也是一个罕见的商业奇迹。

见此情形，无论是外资银行还是上海本地的钱庄都纷纷出手。他们不仅给出优惠贷款条件，而且近乎无条件地对外放款，自己资金不够，就找票号要钱或者进行同业拆借。这诱得投资者将资产大把抵押进去，以换取更多资金去购买股票，股价溢出票面价值十几二十倍都是正常，堪称 20 世纪的第一场全民炒股。"人类从历史中学到的唯一教训，就是人类没有从历史中得到任何教训。"在利益面前，大家好像都忘记了 20 多年前那场恐怖的上海金融风潮，毫无顾忌地投入全部身家，但是很少有人能够察觉到，致命的危险正步步逼近。

橡胶股市的泡沫越吹越大，破灭的风险也越来越高，一切都只是时间问题而已。1910 年中，作为橡胶市场最大消费国的美国意识到泡沫即将来临，宣布对橡胶限制消费。一石激起千层浪，国际市场的橡胶价格在到达顶点之后急转直下，连带着整个上海橡胶的股价也一路下跌，再度引发一系列连锁反应。昔日价格高昂的橡胶股票今日却如同废纸，人们争相抛售，投资者的损失已不能用惨重来形容，倾家荡产、负债累累者不知凡几。由于追不回贷款，一大堆票号、钱庄也都面临着倒闭的结局。

按理说，这个时候国家应该及时救市，大清银行也该承担起中央银行的职能，总不能坐视金融产业崩溃。可在这个关键时刻，朝廷还指望从票号调款，用以偿还庚子赔款。但市面上实在无银可用，无钱可调。宣统二年（1910 年），上海著名的源丰润票号亏损 2000 多万两白银，宣布倒闭。上海最大的票号义善缘苦苦撑到宣统三年二月底，也宣布倒闭。以这两家龙头票号的倒闭为首，一场可怕的金融海啸再次席卷上海乃至全国，其造成的后果不亚于前文所说的金融风暴。

这场金融海啸给试图转型的传统金融业以致命一击。商人投机、民众盲从、官府失职，共同酿就了一系列惨剧。这其间每个人都是受害者，同时每个人也都负有不可推卸的责任。

票号的命运与中国传统社会结构息息相关。

小小的平遥在19世纪的中国缔造了一个传奇。崛起的22家票号，在全国77个城镇设立分号400余家，其盛况可谓空前。在20世纪新时代的曙光刚刚到来之时，这个庞大的金融网络很快便走向衰落。

过多依赖对传统经验的复制，使山西票号失去了一次拥抱现代金融的机会。它们并不是没有想过挣扎求生，也不是没有做过转型的努力，但扎根已深的票号终究无法摆脱附生的巨树，等到帝国真的土崩瓦解之时，山西票号自然也是难逃厄运。

第五章
"洋人的海关" CHAPTER FIVE

　　海关是一国之门户。在鸦片战争前，关税一直不是清朝财政收入的主要部分。因为当时天朝"不借外物以通有无"，土地产出的资源就可满足人民所需，海关的重要性长期被忽视。

　　直到鸦片战争结束，英国人根据《南京条约》要求清政府开放广州、福州、厦门、宁波、上海五处通商口岸，海关在清政府中的地位才有所改变。之所以选择这五个地方，是因为这里本来就有海关的建制。早在康熙时期，粤海关、闽海关、浙海关和江海关就坐落于此。

　　外国的商品进入另一国必先缴纳关税，这是西方各国通行的惯例。高关税壁垒可以筑成一道外国商品难以逾越的高墙，直接影响商品输出国的利益。英国人对此印象深刻，在拿破仑战争时期，法国人就是用这一招对付英国的。法国人曾直接对英国商品实施严格的禁运措施，不许任何装载英国商品的货船进入，自认为可以通过这种措施扼制住英帝国的命脉。

　　这一措施被称作"大陆封锁政策"。法国人利用这一政策，刚开始就打了英国人一个措手不及，英国各种产品纷纷积压，让英国商人损失惨重。不过，彼时的欧洲经济联系密切，法国人不能完全替代英国人，产出足够其他欧洲国家使用的产品。于是走私盛行，各种挂着中立国旗帜的货船仍源源不绝地把英国商品运至欧洲大陆，以致大陆封锁政策不攻自破。

但中国不一样，这里的人们没有形成对英国商品的依赖，也没有那么多需求。英国人要想毫无顾忌地输入商品，就必然要拿到打开大门的钥匙，也就是对海关乃至关税的控制。

被迫打开的海关

按照《南京条约》，进出口关税必须由双方商定，"秉公议定则例，由部颁发晓示，以便英商按例交纳"。但英国并不想跟清政府议定关税，英国人自己拟定了要比鸦片战争前更低的关税税率，并在第二年拟定的《五口通商章程》中得以顺利实施。

见有利可图，美国人和法国人也随即加入。在道光二十四年（1844 年）的中美《望厦条约》和中法《黄埔条约》中，明确要求中国想要变更海关税率的话，必须与美法两国商量，否则无效。这完全破坏了中国的关税主权，为西方商品的涌入打开了大门。

西方国家打开中国大门后做的第一件事情就是摒弃公行制度。之前只有广州一口通商的时候，外国人想要在华做生意要经过十三行。列强明确在《五口通商章程》的"海关税则"中要求废除公行，让他们能够自由地与中国人做生意。

按照这个海关税率，大部分商品从量征税，也有一些从价征税，有的"值百抽十"，有的"值百抽五"。[1] 但不管哪一种，进出口税率都远远低于以前。而且哪怕是同一种商品，在中国和外国享受的待遇也远远不同。外国商品进口到中国，只需缴纳连之前一半都不到的关税；而

---

① 王铁崖编：《中外旧约章汇编》第一册，生活·读书·新知三联书店 1957 年版，第 43—57 页。

中国商品要想出口到外国就变得无比艰难，英、法海关都给中国商品设定了八成以上甚至是几倍以上的税率。[①] 这样做的结果就是中国一直以来的王牌出口产品，如茶叶、丝绸之类很难出现在外国平民家庭，只有王公贵族才有机会享受。这种区别性的关税税率制定，让中国陷入了只能挨打却不许还手的窘境。

当时的中国可以说是世界上关税税率最低的国家，甚至比不少列强侵占的殖民地还低。在外国人眼里，这是一个几乎完全开放的自由市场，也是一个近乎不设防的宝地。因为有着比以往更低的税率，引来了一大批希望在遥远的东方寻找财富的冒险者。每天广州外海都围绕着一群群的走私船，它们凭借着灵巧轻便的船型，伺机而动，清朝水师拿它们毫无办法。广州因此成为走私商品的重要集散地，这里云集了来自世界各国的产品，包括美洲的烟草、印度的棉花、欧洲的纺织品等。

走私一直是困扰清政府的老大难问题。走私虽然能让当地百姓以便宜的价格买到之前闻所未闻的洋货，可对当时的两广总督祁贡来说却十分被动。他不仅要治理两广地区，还肩负着清政府委派的外交使命。如今，不仅海关不能自主，还让洋人的走私船开到附近海面上，实在有辱国体。所以，祁贡向英国全权大使璞鼎查提出抗议，要求英方对英国走私贩子严加管控，不要任由其进入中国。

璞鼎查对此十分恼火。这些走私犯的行为让英帝国很没面子，也会影响他们和清政府上层的正常交往，危及了英帝国的整体利益。所以，璞鼎查在《虎门条约》中专门加了一条："倘访闻有偷漏走私之案，该（英）管事官即时通报中华地方官，以便本地方官捉拿；其偷漏之货，无论价值、品类全数查抄入官，并将偷漏之商船，或不许贸易，或俟其

---

① 武堉干：《中国关税问题》，山西人民出版社 2014 年版，第 61 页。

账目清后，即严行驱出，均不稍为袒护。"①清政府与美法两国也有类似的协议。

那么，这项规定真正实施的成效如何呢？答案并不如人意。自从《南京条约》签订后，在中国最活跃的是英国商人，参与走私最多的也是英国商人。对这些走私者，有能力也有可能对他们进行管辖的只有英国领事。但显而易见，英国领事并没有履行自己的职责，无论是领事还是英国商人，他们都觉得对英国人的裁决应当掌握在自己人手中。如果连英国上层都默许了这种行为，那还有谁可以对这些走私犯做出公正的审判呢？②

稽查走私行为、处置走私商人本来就是一个主权国家应有的权力。即使在鸦片战争之后，各种条约也都规定中国拥有对走私犯的管辖和审判权，《通商章程善后条约》"海关税则"中就明确写着："通商各口收税如何严防偷漏，自应由中国办理。"但英国人对此视而不见，走私行为在官方的庇护下愈演愈烈。

如怡和洋行等英国商行都或多或少地与走私行为有所牵连。也正因如此，他们对遏制走私的行为尤为抗拒，想出百般理由加以推托。非要坚持只有英国领事在场时，进行"公正公开"的审判后才能对这些走私者作出处罚。至于清政府，根本无权对其做出任何处置，哪怕只是没收货物或者罚款。他们甚至把此事告到英国外交部，要求英国政府以外交手段施压，逼迫清政府允许他们走私。

走私屡禁不止，美国、法国也因此获利。为了保证自己的在华利益，英国人意图全盘控制中国海关。

---

① 王铁崖编：《中外旧约章汇编》第一册，生活、读书、新知三联书店1957年版，第37页。

② ［美］马士著，马江文等译：《中华帝国对外关系史》第2卷，上海书店出版社2000年版，第154页。

洋人控制的海关

鸦片战争后的一段时间里，海关虽然被洋人插手，而名义上还归属于清朝，外国商品想要进入中国不能绕过海关。但西方商人并不满足于他们已有的权益，总是试图获得更多的权益。上海局势的动荡恰好为他们提供了一次绝佳机会。

太平天国运动之后，各地的起义运动纷纷涌现。不少打着"反清复明"旗号的地下帮会与社团也借着这个机会公开反清，一时间着实让兵力分散的清政府头疼不已。咸丰三年（1853 年）九月，一个令人震惊的消息传来，作为贸易重镇的上海竟被小刀会攻占，这令整个上海人心惶惶，市场一片萧条。苏松太道吴健彰当时主管江海关，他之前查处青浦教案有功，与洋人的关系也不错。可在此紧要关头，他竟放弃江海关，跑到外国租界躲了起来。

江海关暂时失去作用，但外国的商船可不会停。上海的经济萧条无疑会损害洋商的利益，这是他们不愿意看到的，于是西方国家决定联起手来保卫自己的权益。不过，他们的第一步不是帮助清政府镇压，而是盯上了江海关。小刀会前脚刚占领上海，英国驻上海领事阿礼国后脚就拿出了一份《海关行政停顿期间船舶结关暂行章程》。大意就是为了维持海关正常运转，英国领事馆有权向到沪商船代为征收关税。美国人也拿出了与此相似的关税处理意见。当然，这些"代为征收"的款项并没有落到清政府的腰包里。

在尝到征收海关税所带来的甜头后，英美便不愿意归还关税权，以种种理由拖延移交关税。为了关税和海关的控制权，吴健彰几次上门讨要都无功而返。英国人给出的理由是战乱未平，清军无力保护，只能由英国暂为接管。而且他们嘲笑吴健彰在上海遇到危险时逃跑，现在上海全为"叛匪"所占，能维持海关正常运转就不错了，清政府居然还想要回被他们自己抛弃的权力。

吴健彰很生气，他又和两广总督联系，要来了几艘帆船，停在上海附近海面上充当移动海关。结果英、美、法等国领事一致无视了这个移动海关的存在，认为这种几艘船组成的所谓海关根本不具有合法性，更没有征税的权力。

不过，这种情况也不能一直持续下去，毕竟只是个"暂行章程"，不具备长久的法律效力。在清政府的再三反对下，英、美、法等国领事也不得不考虑新的办法。他们决定扶持一个服从于列强的海关，而且这个海关对所有到华的外国商品一视同仁。

咸丰四年（1854年）二月，新海关在上海虹口落成，英、美、法领事都发出公告予以承认。清政府满以为这是收回海关主权的第一步，却不承想这竟是列强攫取中国海关控制权的开始。新海关既是在列强的支持下设立的，就必然要受制于对方。就在这年六月，英、法、美等国领事决定联合起来接手中国海关。对此，阿礼国宣称：完全不能指望中国人公平有效地征收关税，唯一能够拯救海关的办法就是让西方人参与海关的管理。然后，在未经清政府批准的情况下，英国领事阿礼国、美国领事马辉、法国领事伊担私自与吴健彰达成协议，大家各出一人组成上海税务司，还专门设立了一个"关税管理委员会"。这个委员会在海关内部设有办事处，不仅能检查船舶和开具各种相关单据，还有权对中国的海关记录进行核查。这个委员会实际上就是领事馆管理江海关的工具。

洋人这种越俎代庖的行为让清政府很生气，在上海税务司成立不久后，吴健彰被革职，以警示天下。为了表示对清政府配合态度的感谢，英、美、法三国借出了护卫领事馆的武力，花了半年多的时间终于将上海城内残余的小刀会势力"清剿"干净。

关税管理委员会也不是一无是处。存在期间，"夷税"的增加尤其引人注目。从这个歧视味十足的名字就能听出来，这是一种专向洋人征收的税种，也是海关的一项重要税源。在鸦片战争之后五口通商，夷税成了一种新增税收，区别于传统征收的常税。它的地位却很尴尬，既没有前例可以借鉴，又没有新规可以实行，清政府也搞不明白应该把它放在何种位置。

夷税和常税混在一起，实在不便于管理和征收。道光二十四年（1844 年）苏松太道宫慕久在上海黄浦洋泾浜以北设了查验所，专门征收外国商船货税，后来也被称为新关，以区别于原先的旧关。除了上海的江海关之外，闽海关在厦门、南台，浙海关在宁波，都设起了自己的新关，粤海关虽然没有另设，却也把夷税、常税分开征收。

虽然夷税的数量开始并不算很庞大，但在洋人眼里，这块税收有着丰厚的挖掘潜力。随着中国国门大开，外国商品大量流入中国，其中的收益十分诱人。总税务司走马上任后，夷税收入的增长突飞猛进。根据江海关的统计，咸丰四年至五年（1854—1855 年），夷税收入达 176万两白银，较之前几年增加了近两倍。

改革除弊

接替海关首任总税务司英国人李泰国职位的，是他的副手、28 岁的罗伯特·赫德。赫德是一个很有能力的人，根据多年来在海关总税务司的工作经验，总结出海关工作的种种弊病，并拿出了一套切实可行的提案，受到了恭亲王等人的青睐。

作为中国第二任总税务司，在 1863—1908 年的 46 年间，赫德一直执掌中国海关。能够在这么重要的职位上安坐半个世纪，赫德自有其过人之处。与性格强势的李泰国不同，赫德颇通人情，尤其懂得中国官场上的种种繁复规矩。他尽力结交朝中实力派人物，并在各种政治势力中左右逢源，这都为他履行总税务司的职务提供了巨大便利。

总税务司虽然由英国人担任，但明面上还是清帝国的政府机构。因此如果皇帝对其不满意，被撤换的可能性仍然很大。而且，这个位置虽然耀眼，麻烦也不少：如何与中国的各级官僚打交道？如何平衡海关内部各派系的矛盾？以及怎样切实地增加海关收入又不影响英帝国的利益？这些都是总税务司需要解决的问题。

赫德很清楚自己的处境。作为清政府的正式官员，他不能完全抛开清朝的利益。当办理洋务的郭嵩焘问赫德："君自问帮中国，抑帮英国？"赫德只是隐晦地表达了自己的立场："我于此都不敢偏袒。譬如骑马，偏东偏西便坐不住，我只是两边调停。"

赫德上任之后，做的第一件事情就是革除海关弊病。之前的清朝海关人浮于事，腐败丛生，内部管理一塌糊涂。而赫德一上任就引入英国的海关管理制度与人事制度，严格约束内部职员的行为。他很细致地对所有职员的工作作出规定，严禁滥用权力、参与贸易、收受贿赂，而且要分工明确、权责一致、流程清晰，让海关的运行效率大为提升。

之前海关经费用的是包税制，上级部门定好额度，下面按此数目交齐即可，若有超额，就进了工作人员的腰包。这个数字具体究竟有多少，恐怕永远都不会有人知道。而赫德却不一样，所有收入全部按规定记录下来并如数上缴。海关人员的俸禄和运行经费按照需要的额度向上申领，增减均有节制。

而且，考虑到之前的海关账目就像个筛子一样，大部分资金都不知所终，赫德大大加强了对账目的管理和审计。他专门设了一个稽查账目的官职，每年往返于各地海关查账，并且赋予其极大的权力。所到之处，海关税务司必须亲自迎接，把各种账本和票据全部搬出来交其过目。稽查官员都有一双敏锐的眼睛，哪怕一个数据对不上，也要彻查到底，整个海关也会因此受到牵连。

当时的清朝恐怕还没有一个衙门能做到如此严格的审计和检查。在巨大的审计压力下，海关职员为了自己的乌纱帽，徇私舞弊的行为较以前大为减少，逼得海关一跃成为中国最为清廉的部门。而且在赫德的一番操作下，海关收入几乎年年都有盈余，职员待遇也水涨船高。

有了收入，这些资金存在哪里也是个问题。赫德不信任旧式金融机构，他将海关银两存放在英国人开办的丽如银行里，后来又改存到汇丰银行。

赫德不仅想打造出一个国际性的海关，他还希望扩大海关的职权。华商购买新式轮船做生意，赫德表示中国人搞不定这项新事务，便将其置于海关管理之下。然后赫德又称，按照欧洲的规矩，轮船均需经过检疫方可入港，这项任务自然也交予海关。既然要对轮船检疫，那么顺便查个货物，看看是否有走私情况也很正常。最后，为了保障这些轮船通行顺畅，摸清附近海域水文状况、探明潮汐海流情况等海务工作也被海关承揽下来。所以到最后，轮船从出港到入港的全部事宜都成了海关的分内事。

当然对于往来的商船来说，这个改变未必是一件坏事。之前他们要想平安地回到港内，可以说是麻烦重重。先是海港缺乏必要的指示物，最多只有几个土堆或者瞭望台，一不留神就找错了方向；然后是复杂的水流和潮汐环境，深藏于暗流之下的礁石足以让任何一个经验丰富的渔民身处险境，即使在近岸航行，这个风险也不会减少太多。这就导致当时出海的渔民商人只能指望两件东西，一是经验，二是运气，而且后者所占的比重往往更大。

而赫德承包海务之后，带来了新变化，使得岸上有灯塔，海中有浮标，港口有修缮，设施有更新，山上有气象站，手中有海文图。出海的船只再也不用担心迷失在茫茫大海之上，回港的船只也不必担心卷入暗流之下，沉睡于幽深的海底。

赫德的工作成果，清政府和英国都比较满意，所以他能在这个位置上待了很多年。

主权沦丧的代价

厘金这种让中国商人唯恐避之不及的税种，其实也是洋商厌恶的对象。虽然创建厘金的初衷是为了筹集对抗太平天国的军费，但它很快就脱离了原有范畴，成为一项让各路商人叫苦不迭的恶税。一路上林立的厘卡抽光了商人的资金，也抽光了百姓的元气，即使是远渡重洋而来的洋货亦不例外。本来进口货过道海关就可以，现在还要被各路厘卡抽税，必然会大大增加销售成本，对外国商人来说当然是笔划不来的买卖。

所以，他们向清政府提出强烈抗议，要求除了海关课税，不在内地征收各种税。清政府正是财政紧张之时，拒绝了这个要求。但英国人并未放弃这个想法，第二次鸦片战争就是个绝好机会。他们迫使清政府签订《天津条约》，按照条约规定，洋货进口只需要在原本"值百抽五"的税率上另加2.5%，就可以免征内地所有税款；如果洋商要将中国的货物拿去出口，也可以享受这种福利。

当然，这些规定和华商并没太大关系，海关只把这种过关凭证发给外国人。不过也有别的办法获得这项权利，就是从一些贪婪的洋商那里高价购买凭证，并借着他们的身份蒙混过关。

中国的商品想走出国门是那么困难，无论是清朝官吏的勒索，还是海关的刁难，都让本土的商业发展举步维艰。有人觉得，既然外国去不了，那本国的港口总能来去自如吧？事实还真没那么简单，海路并不比陆路好走多少，尽管海上没有厘卡，但有着层出不穷的海盗和变幻莫测的海况，到港之后也免不了一顿敲诈。所以，不少商人都宁愿花钱借洋商的船运输货物，这些船跑得快装得多，很多还配备士兵和武器，安全性更有保障，因此成为沿海贸易的首选船只。

按照"一体均沾"的原则，美、法等国也迅速获得了这项权利。一时间，整个中国海岸附近就出现了一副奇特景象，到处都是悬挂外国国旗的洋船在活动，反倒是中国自己的商船没那么多。这一奇景闻所未闻，但又让人无可奈何，因为这就是主权沦丧的代价。

列强利益的调停人

19 世纪，美国迎来了大发展时代，工业产值迅速增长，当然野心也伴随着实力一同增长。新兴的美国资本家急于将手中的商品换成资本，再投入到工业生产中去，地处远东的中国自然就成为他们眼中的绝好目标。只是欧洲人的殖民时代已接近尾声，世界上有价值的市场基本都被老牌帝国主义国家瓜分完毕，美国人想搭上这趟末班车，就不得不从这些饿狼口中夺食。

与此同时，不得不说李泰国为了让英国独占中国市场，所作所为实在有些过激，他不光把税务管理委员会中的美、法代表踢出，还把正副税务司全都安排为英国人，这种行为简直就是不给其他国家留后路。美国人对此选择了"硬刚"，就算冒着激怒英国这个老牌霸主的风险，也要插手海关事务，双方围绕着人手问题互不相让。所以李泰国离任之后，美国公使可以说是欣喜无比，就差没挂个条幅庆祝了。

　　继任的赫德虽然只是个20多岁的年轻人，但他一上任就大刀阔斧地对海关人事进行了改革。赫德希望打造一个"国际性"的海关。他深知，如果不同国家的人继续在海关内部倾轧下去，那正常工作几乎无法开展，这种时候就应放弃一些利益，从而维持各国的利益平衡。

　　于是，赫德希望在保证人员质量的情况下，采取公开的方式，不分国籍雇佣职员，就算有通天的背景也要经过考试才能录用。这样至少能维持表面上的公平，让各国代表无话可说。

　　赫德的做法很快便收到实效，虽然海关中的洋人雇员还是以英国人为主，但各国工作的重心都从争夺海关控制权转到如何培育更加优秀的年轻人挤入海关了，因此大大减少了纷争。

　　说到底，赫德之所以要对各国利益进行平衡，还是因为他们洋人的身份，放到中国人头上可就没有那么好的待遇了。赫德与李泰国一样，也把中国人视为"偷奸耍滑的骗子和小偷"，认为指望这些人管理海关根本不靠谱。所以在总税务司署上下官员中，一个中国人的影子都看不到，他们只能做打杂之类的工作，根本没有往上升的可能。

　　这是一个讽刺的事实，中国的海关充斥着来自各个国家的外国人，他们能充当官吏，唯独中国人自己不行；他们能参与各种管理，唯独将中国人排除在外。

　　对清政府来说，海关收入的增加让他们又恨又爱。恨的自然是国家主权遭到洋人践踏，一国之门面遭洋人把持，几乎是国将不国；爱的是海关贡献的巨额税收，对于清朝这间四面漏风的房子，这笔不菲的收入是他们维持统治的重要法宝。而这些税收中的大部分都用来支持军事工业的建设，购置武器装备，或者是参与洋务运动的其他新式企业。

清政府渴望自强的心情十分迫切，他们寄希望于有朝一日拥有更强的国力和武力，将洋人手上的海关夺回来。而外国人也乐得如此，他们并不十分反对落后国家的近代化，甚至还会提供支持，因为工业建设所需要的资金、技术、机器乃至人员，在初创之时必然要请求已实现工业化的国家帮助，这正是英国等西方国家所希望的。相较于一个一穷二白、贫弱不堪的清政府，列强更希望将中国打造成一个既能够维持国内稳定，又有财力富余的地区性国家，这样才可以实现利益最大化。当然，列强不允许也不期望下一个太平天国运动的出现，因为这会损害他们的利益。

海关总税务司很期望中国能按他们预想的道路一步步前进，一个农业国与工业国对海关的依赖是截然不同的，两者能够产出的价值也有天壤之别，但如何引导中国走上英国希望的道路却是一个问题。虽然清帝国看起来"庞大而臃肿"，统治者也很软弱，但也不是木偶，任由外国人摆布，如果强行要求反倒适得其反。

对此，赫德提出一个看似很美好的设想，那就是"培养需求"。他认为，对待中国还是应该宽严相济，把不平等条约当成鞭子，鞭策清政府，迫使其不得不开眼看世界，使其萌发出自强自立的意识；然后英国再扮演救世主的角色，给中国提供所需的设备、资金和知识。这样中国不仅能达到英国设立的目标，还会被牢牢地绑在英国的战车上，成为其在亚洲的跟班。

这一想法的突出结果就是《局外旁观论》。同治四年（1865年），赫德满怀希望地拿出了一份自己的改革计划，洋洋洒洒四千余言，他以"局外人"的身份提出了自己对中国政局的看法及改革措施。这篇《局外旁观论》名为谏书，看起来倒像檄文，文章分作"内情"与"外情"两部分。"内情"开篇就历数了清政府内部的腐败与无能，还有官僚阶层的贪婪与狡猾，称他们平日里尽说些无用的大话，遇到问题就掩饰推诿（"事不以实，而徒饰虚文"）。还有列强竞相欺压的"外情"，赫德觉得，清政府之所以饱受列强欺辱，就是因为不遵协议，不守规矩，摆着一副天朝上国的架子，对各国盛气凌人，毫无外交礼仪，这样的国家不受欺辱反倒是件怪事。正是这些问题让整个大清国深陷内忧外患之中，所以必须想方设法改变。

至于如何改变，赫德的想法与洋务派不谋而合，那就是积极学习西方先进科学技术，多多派遣使臣和留学生加强交流，放下隔阂与偏见，对外国人平等相待。这些建议不能说没有道理，大清帝国不能总是故步自封，终有一日要清醒地去看待外面的世界。这段时间英国参赞威妥玛也在公使阿礼国的授意下，上了一道《新议略论》，内容和《局外旁观论》大同小异，足以说明这些想法是英国政府的共同意见。

这两个重量级人物给出的提议引起清朝统治者的极大重视，但恭亲王奕䜣对这个提议却颇感忧虑。他并不是一个顽固守旧的保守派，这篇谏书虽然话说得难听，但并非没有道理。奕䜣无非是考虑到赫德的外国人背景，不相信一个英国人会真心实意地为中国服务。朝中诸臣都相信，他们一定有着某种不可告人的意图，这种怀疑即使是"颇通人情"的总税务司也不例外。有的人直接大骂赫德的说法是"悖慢之辞，殊堪发指！"有些头脑稍微清醒的督抚即使认同《局外旁观论》所提出的观点，但也对赫德太过直白的说法不能接受。

即使《局外旁观论》未获肯定，洋务派也还是按照这条路径去实现中国的富强与振兴。毕竟对于一个农业国家来说，想要成为工业国家，很大程度上是要按照这个方法去做的。

赫德给中国规划了一条看似很美好的路线，但道路的尽头却暗藏着无数的杀机。只是中国的近代化注定是个艰难的旅程，清政府的确进行了很努力地尝试，但在甲午战争遭遇耻辱性的失败之后，洋务运动的成果化作泡影，然后是八国联军打上门来，又赔出去一大笔款项。此后，海关就彻底变成列强的提款机，主要用来支付各国的赔款。

总税务司赫德的野心

颇有讽刺意味的是，负责管理海关事务的清朝衙门居然是外交部门，而不是一般人想象中的财政部门。毕竟清朝之前并未设立过专门的外交部负责与洋人打交道，外国人有什么事情只能去找两广总督（后又改为两江总督），一个地方总督就这样同时担任了外交大臣的角色。直到第二次鸦片战争，洋人差点打到京城，清政府才不得不签订《天津条约》，承认对各位外国人在外交上的平等相待。

这也促使一个新的外交部门就此诞生，那就是"总理各国事务衙门"。从这个名字就能看出，虽然是外交部门，但它有权力主管外国人大小事务。而此时的海关关税不能自主，主管海关的官员也成了洋人，虽然明面上还隶属大清国，但它早已是"洋人的海关"，于是也归属总理衙门管辖。

在当时的条件下，海关不仅是收税，它还具有一些外交功能。赫德自己就紧密地参与到清政府的外交活动中。作为一条能与西方直接搭上关系的纽带，赫德在清朝政治中的角色相当重要，很多情况下，恭亲王甚至不得不通过赫德的渠道来寻找中英两国的利益平衡点。

同治六年（1867年），为了方便中国和英国方面的联系，总税务司署甚至在英国伦敦开设了一个代办处。清政府有什么对外决议就托赫德传达给英国人，清政府想要进口什么特定的物资也会走这个代办处。虽然这有悖常规，但这里就像一个暗门一样，总理衙门与英国外交大臣心照不宣地在这里交换彼此的意见。

自咸丰年间的闹剧"阿思本舰队"事件之后，不仅李泰国在中国声名狼藉，连带着整个清政府对从外国购船一事都心怀疑惧，这给了新任总税务司赫德以更大的挑战。赫德很清楚地知道，清政府被英国人狠狠宰了一刀之后，让他们重燃对英国人的信心恐怕相当困难。除非有一个契机的出现，逼得清政府不得不考虑从外国购船加强军备才行。

这个契机出现得并不算太晚。同治十三年（1874年），明治维新后的日本野心大为膨胀，盯上了中国的台湾岛。五月，日本打着"保护侨民"的旗号，派军4000余人登陆台湾。这让清朝上下大为震惊，一个东方岛国也敢侵略中国。可无奈的是，朝廷这时还真找不到那么多船驰援台湾，只能先派沈葆桢为钦差大臣，紧急前往台湾处理海防问题。

海防的缺失给清政府上了重要一课，眼下这船是不得不买。总税务司赫德不失时机地上奏表示，可以帮忙购买数艘兵舰，以解燃眉之急。总理衙门肯定了这一提议，让李鸿章和赫德去处理此事。赫德吸取了李泰国的经验教训，没在中间捅出什么娄子，第一批4艘船在光绪二年（1876年）十月抵达中国，分别名为"龙骧""虎威""飞霆""策电"。清政府花了45万两银子，基本全是从各关口筹集来的。第二批也是4艘船，于3年后抵华，清政府对它们寄予厚望，分别名为"镇东""镇西""镇南""镇北"。这次花了71万两银子，是各省筹集来的。另外，还购买了一大批小船，灵活机动，专门用来防守海岸。

这次舰艇军购进行得很顺利，赫德与清政府都达到了自己的目的。日后鼎鼎大名的北洋水师也在此基础上发展壮大起来。

当然，赫德不会在远东培养出一支能够与英帝国相抗衡的强大舰队，他真正的目标是这支初露峥嵘的北洋水师。在舰船到位后，赫德曾向军机处提出这样一个建议，希望专门搞一个海防总署，由他本人出任总海防司。理由是中国无论是官员能力还是水兵素质，都不足以维持这样一支庞大舰队的正常运转，一旦打起仗来，恐怕立马就会表现出与清军其他部队同样的水平，所以必须要靠自己从英国请来专人"协助"管理才行。

实际上，赫德的想法与李泰国并无太多不同之处，同样都是盯着中国海军的控制权，区别就是赫德有更多的耐心。清政府被李泰国坑过一次，当然不会再上第二次当，于是直接拒绝了这一请求。作为回应，他对购船的热情也冷却下来，以后清政府再想通过海关买船就没那么容易了。

赫德真正的立场从轰动全国的"滇案"就能看出。光绪元年（1875年），年仅4岁的光绪帝刚刚即位，帝国就遇到一场严重的外交事件，甚至差点引发战争。当时英国人想要修筑一条由缅甸仰光到云南思茅的铁路，修建过程中，英国驻华使馆的职员马嘉理与当地少数民族发生冲突，意外身亡。英国便拿此事大做文章，要让中国付出代价。英国驻华公使威妥玛还提出了一堆无理要求，甚至想把云南总督抓到北京去受审，甚至以开战相威胁。

这是赤裸裸的讹诈，但无奈敌强我弱，怎么把这事处理妥当就成了总理衙门最为头疼的问题。赫德倒是很清楚威妥玛心里的算盘，仗是打不起来的，清政府刚刚打算从英国进口一批军舰，这时候要是打起来，买卖可就黄了。这无非是一种很常见的外交讹诈，故意抬高要价给清政府施加心理压力。

而清政府可不这么想。之前被英法联军打到家门口，咸丰帝带着一众皇亲国戚被迫逃到热河避暑山庄避难的经历犹在眼前，他们无论如何也不希望同样的事情再度发生，所以求和成为最后的选择。赫德对慈禧等人的心理同样清楚，他与威妥玛一唱一和，故作安慰道："比对目下强弱情形，处事和气大方，所有个免相让之处，不妨善让，莫要推辞。"①言辞恳切，看起来一副真心为中国担忧的样子。而且他极力渲染战争发生的可能，似乎不答应英国人的要求，下一秒就会重演第二次鸦片战争的惨剧。

总理衙门最后同意了英国人的要求，以一纸屈辱性的《烟台条约》为这场"滇案"暂时画上了一个句号。这一事件让慈禧太后和总理衙门充分感受到这位洋人总税务司真正的立场，但中国政府与他的纠葛还将继续下去。

赫德不仅仅是帮总理衙门办理外交事务，还有一项职责就是盯着其他国家。赫德看透了清政府的软弱，不怕慈禧等人突然收回总税权，就怕其他列强跑来瓜分利益。毕竟总税务司的利益还是与英国紧紧捆绑在一起的，英国人把海关视作"自留地"，不容任何人染指。

德国、俄国乃至后来居上的日本都是如此，他们迫不及待地想要复制英国人在中国的成功经验。山东、东北以及台湾都成了他们眼中的美味，这遭到英国人的强烈反对。赫德不止一次向总理衙门表示，不能总是放纵这些洋人干些出格的事，必要时应予以约束。

日本打赢甲午战争之后，赫德扼腕不已，他倒不是为躺在冰冷海底的北洋水师的船只痛惜，而是遗憾于在朝鲜的部署功亏一篑。本来赫德还想在朝鲜复制中国的成功经验，搞出一个"中朝联合海关"，由自己这个大清总税务司主导，但即使英国人在战时联系多方势力组织调停，也还是无法挽回战争失败的结果。

"卖"出去的海关税

为什么列强索要赔款，总是习惯用海关收入做抵押？因为在近代

---

①〔清〕王彦威、王亮辑编：《清季外交史料》第六卷，湖南师范大学出版社2015年版，第22页。

中国，在一些传统收入渐渐萎缩的同时，也有不少新兴收入逐渐发展壮大，海关是其中不可忽视的一块。这项稳步增长、规模不断扩大的收入，在西方人眼中毫无疑问是一只绩优股。况且由于海关背后强大势力的保护，几乎不受外部风波的影响，稳定性也有保障，当然也就成为偿还外债的首选。

按照记载，甲午战争前清政府借了4592万两银子，其中由关税做抵押的就有3236万两，占了总数的七成。[①]就连为准备甲午战争而借的外债，也有一大半来自海关抵押，这些都足以证明海关在还债这件事上的重要性。

借出这么多款项，以英国汇丰银行为首的英国银行可谓大喜过望，它们发现光是躺着吃利息就能过得相当滋润。可俄、德、法等国就不乐意了，它们岂能眼睁睁地看着英国垄断这项特权？而且条约上也没有写清政府只能和哪个国家借款，在这场争夺借款权力的斗争中，它们与英国站到了同一条起跑线上。

双方的斗争一开始就进入了白热化。俄、法两国首先联起手来，借着干涉还辽的功绩对清政府施压，赫德也急急忙忙地通知英国政府与汇丰银行赶紧筹集款项，不要让俄、法占到便宜。光绪二十一年（1895年）七月，俄、法赶在英国之前与清政府签订了《俄法洋款合同》（也称《四厘借款合同》），成功借出4亿法郎，约合1亿两白银，年息4厘，36年还清，仍然以海关税作担保。

英国人觉得单打独斗确实不是俄、法两国的对手，所以干脆拉上德国，承诺事成之后一同分赃。法国公使得意地表示，这次不仅要拿下赔款，还要夺去总税务司的位置以及两广和云南的权益。这是英国所不能容忍的，双方势力在总理衙门吵得天昏地暗，如果不是顾及外交礼仪，恐怕就要当场大打出手。最后，清政府觉得法国人的要价过

---

① 徐义生编：《中国近代外债史统计资料》，中华书局1962年版，第24页。

高，还是把这笔赔款交给英、德两国。于是签订《英德洋款合同》，总额达 1600 万英镑，折 9700 多万两白银，年息 5 厘，由英国汇丰银行和德国德华银行一同承包，九四折交付。虽然还是以海关收入为担保，36 年还清，但不同的是加上了海关总税务司必须由英国人担任的条件。

事已至此，俄国人也不甘示弱，甚至不惜以断交相威胁，说出了"若中国不借俄而借英，伊国必问罪"的强硬之辞。借款事件直接上升到政治外交层面，大有一股一言不合就开打的气势，而且都不同意折中方案。总理衙门为了安抚双方，希望双方各借一半，但遭到严词拒绝。最后在总税务司的多方斡旋下，英国人拿到了借款权，这份《英德续借款合同》仍然借款 1600 万英镑，由汇丰、德华两行分摊借给，八三折交付，年息 4.5 厘，分 45 年还清，而且还不允许提前或一次还清。这是要生生要抽干清政府的血。这次借款掏空了海关的家底，清政府只好拿苏州、淞沪、九江、浙东的货厘与宜昌、鄂岸、皖岸的盐厘作担保才勉强凑够抵押。这些地方是中国最富庶的口岸，所产生的厘金收益十分丰富，如今却成了外国银行的战利品。英国人还在条约里重申了英国对海关的控制权，巩固自己在海关的地位。

光绪二十五年（1898 年），在美西战争结束后，美国突然发现欧洲列强已经将各自在华势力范围划分完毕。为了自己也能分一杯羹，"门户开放"政策就应运而生了。光绪二十六年（1899 年），美国和其他列强商议，希望在承认列强在华势力范围和已有特权的前提下，能够"利益均沾"，即各国货物都按现行的 5% 的税率进行征收，就算在列强自己的地盘上也不能搞区别对待。

现在的美国可不是往日那个贫弱的北美十三州，发达的工业赋予它强健的肌肉，也增强了它说话的分量。此议一出，各国也不得不认真地考虑这种说法的合理性，似乎这个提议也有利于各国的贸易。

　　大多数国家都部分或全部地肯定了"门户开放"的想法，共同从中国这条"巨龙"的身上攫取养分。同时，海关也获得了更大的收入来源，唯一利益受损的就是清政府。

　　此时困扰清政府的还有一个问题——《马关条约》约定的赔款，数额巨大，很难还清。这时总税务司提出一个想法：如果能代为经理邮政事务，一定能大大缓解财政压力。赫德信心十足地认为，如果能把自己管理海关的经验引入到邮政事业中，一定能为清政府财政贡献一个新的巨大增长来源。

　　甲午战争刚刚结束，赫德就赶紧派人跑到南京面见时任南洋大臣张之洞，成功征得其支持后，接着一纸奏文飞向总理衙门，获得"依议"的朱批。前后不过半年时间，总税务司就拿到了总理全国邮政的特权。总税务司兼总邮政司，各关税务司兼邮政司，邮政事业就这样在海关的主持下迅速在全国开展起来。

　　就结果而言，效果并不算理想。因为未能处理好地方邮政与全国邮政的关系，赫德的部署遭到很大挫折。但赫德也不是全无建树，英国人把利益网络更深地植入到乡村社会中，从农民身上汲取了更多养分。

　　当时，列强争先恐后地在中国划分地盘，英国人已经不满足于在沿海地区开展海关业务。他们发现，中国的大江大河贯通内陆，蕴藏着巨大的财富。英国人又打起内河航运的主意，他们要将触角伸至其他各国难以触及之地，便提出应当将中外轮船同等对待，专门从事内河航运。至于管理问题，自然也是由总税务司代劳。清政府对总税务司提出的意见已经有了某种惯性，又或许是不想照顾地方的利益，所以也就默认了。

　　张之洞上书朝廷，说这样会减少清政府的财政收入。他的说法稍微让朝廷转变了一些心意，让中外商船同等缴税，地方派员对税务司加以

"协助"。但总税务司打入中国内河的意图已经实现，长江这条中国航运的大动脉在帝国主义国家的入侵中也变得越发浑浊了。

接着，著名的八国联军侵华战争发生了⋯⋯

赫德时代的结束

赫德卸任后，将自己的看法汇聚在一本名为《这些从秦国来：中国问题论集》的书上。这本书以义和团运动为起点，结合赫德在中国生活的经验，总结出他对清政府的认识，以及对列强处理对华关系的看法。

这个世界上恐怕没有人比赫德更适合写这本书了。他独特的生活经历与背景赋予其别样的视角，即使以今天的视角看待这本书，也能发觉不少观点都有其合理之处。在书中，赫德一方面提出了很多有趣的观点，比如他没有像很多西方人描绘的那样，把中国比作一个愚昧落后、封建保守的国家，而是肯定了中国传统伦理道德在维持社会秩序中发挥的作用；另一方面，书中也没有按西方人眼中的形象将义和团称作一群可憎的暴民，反倒在一定程度上揭露西方各国在中国所做的恶行。这是一本持中立立场的书，完全颠覆了西方人脑海中的固有印象。书的最后，赫德甚至还提出了一些惊人的预言："2000 年的中国将会大异于1900 年的中国。"的确，在这场惊人的巨乱之后，一些新的东西正悄然生根发芽。

西方人对中国有着矛盾的情感，一方面鄙夷清政府的无能与中国的贫弱，另一方面又担心四亿中国人在民族主义的武装下，对西方世界展开血腥的报复。义和团运动恰恰验证了他们的恐惧，"黄祸论"也因此而蔓延开来。似乎在不久的将来，这些中国人又会像阿提拉与拔都一般，跨越整个欧亚大陆，再度摧毁他们的"文明世界"。

作为帝国主义的"代言人"，赫德认为以武力瓜分是不行的，中国不是英国殖民前的印度，有着一大堆分散的邦国。这是一个有着统一文化、语言的国度，任何武力入侵与占领都会给殖民者制造长久的苦果，甚至会拖垮一个强国。而换上一个新的代理人也不那么靠谱。虽然清政府在八国联军侵华战争时曾"鲁莽地"向所有列强宣战，但慈禧也为她的不理智付出了代价。

所以，如果列强希望能继续维持现状，努力维持列强的在华利益，就必须找到一个合适的代理人，而且还要能左右逢源。特别是对民众而言，更要做好公关措施，以免下一个惨剧的发生。这次赫德延续了他一贯的想法，把他在中国40多年的经验总结汇聚成一本"指导手册"，完全体现了这位中国通对这块土地的认识。

赫德很清楚清政府目前面临的财政危机，庚子赔款这座大山恐怕真不是清政府能抬得起的。所以，总税务司甚至希望联军酌情减少赔款，以免自己这个中间人难以做人。后来他又听说，各国打算单独设立一个"国际管理委员会"管理清政府的财政，赫德赶忙上书劝阻，如果这个委员会真的成立，那还要总税务司干什么？

考虑到总税务司的存在，"国际管理委员会"并未成立，但赫德还是被庚子赔款的数额震惊了。本息合计9.8亿两白银！这比他原来预想的要多得多，就算把全国海关都抵押上也不够赔。这时赫德突然想到，清政府不是还有常关吗？一国之内何必设两种关口？以总税务司署多年打理海关的经验，处理常关必然绰绰有余。但赫德忘记了，常关税是由地方征收后，再上缴到中央，算是朝廷为数不多能掌握的一大税种，怎么可能交给洋人打理？

为此，张之洞直接大骂赫德是"竟欲将中国利权一网打尽，其心良险矣"[1]，继而还要联合其他督抚一起反对。户部告知赫德：总税务司只要对常关进行稽查即可，不需要再插手更多事务了。

---

[1] 陈诗启：《中国近代海关》晚清部分，人民出版社1993年版，第450页。

　　光绪三十二年（1906年），随着"新政"的推进，朝廷决定成立税务处。税务处刚刚成立一个月，总税务司署就接到一纸命令："户部尚书铁良着派充督办税务大臣，外务部右侍郎唐绍仪着派充会办税务大臣，所有海关所用华洋人员统归节制。"[①] 也就是说，海关从此日起就脱离外交管理的范畴，改为专门由税务部门统制。也就是说清政府宣布收回海关，赫德顿时成了一个光杆司令。

　　光绪三十四年（1908年），赫德告假回英，中国海关的"赫德时代"结束了。

---

　　① 海关总署本书编译委员会：《旧中国海关总税务司署通令选编》第二卷，中国海关出版社2003年版，第465页。

第六章
商战：商人的崛起 | CHAPTER SIX

晚清是一个社会急剧变化的时代，许多传统观念不断遭受外来的挑战。在中国传统的"四民"观念，即所谓的"士农工商"中，商人排在最末一等。几千年来，大家都习惯了这种生活，士人掌握知识文化，是社会中的精英阶层；农民耕作土地，产出粮食，毕竟民以食为天；工匠制作各种器具，供民众使用。他们都可以产出知识或物质价值，而商人能够做些什么？从没有人关注过。

正因如此，中国古代一直实行重农抑商政策。但到了近代，士绅阶层竟然会和居于四民之末的商人奇妙地结合起来，诞生出一个新的强大势力，并在政治舞台上大放异彩。

是绅是商？

在中国几千年的历史里，不断出现著名大商人，有的商人甚至名垂青史。但官商之间壁垒森严，又有几人能够跨越这道不可逾越的障碍呢？可在晚清这样一个急剧变化的时代中，这种看似不可能的事竟会奇迹般地变为现实，这就是所谓的"绅商"。他们既能身着布衣，参与正常的商业经营活动；又可以穿上官袍，成为朝堂上的风云人物。他们集官商身份于一身，掌控着整个中国的经济命脉。

之所以会出现这种情况，是和清朝的基层政治传统分不开。清朝沿袭明朝，照样采取省、府、县的三级结构，县之下未再设行政机构。可偌大的乡村社会总要有人出面维持秩序，于是这个任务就交给地方士绅来处理。虽然这些人连最小的九品官都不是，但拥有治理一方的权力，而且也都是各地有名望的人士，无论是资历、经验、地位还是知识水平，都能得到众人的肯定。

这些乡村社会中的精英人士，又是怎么和商人挂上钩的呢？这就要说到"士绅"这个词的来源，这个词语可不同于英国人口中的 Gentleman，而是一个具有中国特色的词汇。"绅"指的是以前士大夫束腰的长带，后来也引申为有身份有地位的人。而"士"原指治狱的官，后来引申为做官的人。

不过，有权有势者也未必当得了士绅，总要有些知识才能服众，所以绅士们往往都有功名在身。以古代的识字率来说，这些读书人可以说是珍稀物种，只是官府没那么多名额让他们一展才学，只能把他们打发到乡村，去教化山野村夫。功名就像一道护身符一样为他们带来了诸多特权，比如免除徭役，还能见官不跪等。虽然没顶着官的帽子，可士绅们在地方要管的事一点都不少，如修桥补路、兴修水利、教化村民等，村民们遇到什么纷争，也要指望士绅主持公道。

有的商人资产丰厚，远不用为生存而烦忧，自然而然就产生了更高等级的需求。明清以来的不少商人就是如此，当现实的利益无法满足他们的精神需求时，很多人就会转型成为所谓的儒商，将读书科举作为自己人生的终极追求。

著名的徽商就是其中的代表。他们平日诵读经典、教习子弟、敦睦乡里，举手投足间皆有一股深厚的文人气质，丝毫不见商侩本色。

在近代以前，士绅们安居乡野。而到了明清之际，商品经济的大潮迅猛袭来，出现了不少大商人，原本的基层结构遭到猛烈冲击。简单点说，就是大家兜里都有钱了，商人不想再受国家的歧视，想要取得更多的发言权和更高的政治地位。也就在这一时期，商人的地位达到一个非常高的程度。

但不管怎样，士绅与商人之间还是有着很大区别，士绅有知识有特权，而商人有钱。他们都羡慕对方的生活，于是出现了绅商结合的趋势。

在利益的驱动下，即使饱受流言蜚语，这种情况还是越来越多，所以商人与士绅的界限也变得不那么泾渭分明。士绅很容易做商人，而商人要想跻身士绅之中可就没那么简单了。自从有了科举以来，官府选拔官员必然要选择才学识兼优者，而商人知识水平显然不够。

商人想做官，只好走"捐纳"的路子，即花钱买官。不少商人就靠着这条偏路混了一个功名，摇身一变成为人人艳羡的士绅。近代以来，越来越多的"绅商"出现在政治舞台上，并爆发出难以想象的强大能量。

重商主义

重商主义在欧洲已有几百年的历史。从 15 世纪开始，新航路开辟所带来的巨额财富如同一剂强心针，点燃了欧洲人追逐财富的梦想。与此同时，封建体制逐渐瓦解的欧洲，各国商品流动前所未有地加快，他们渴求更多的财富、更多的资本，还有更为广阔的市场。

除了直接掠夺，国王们也用经济手段来增加自己的财富。提高自己国家的商品产量，并想办法在竞争中获得优势地位，最后在出口量上压倒进口量，就能获得商业上的成功，于是一大批商业城邦陆续兴起。虽然仗打不过那些强国，但商人们做生意可有一手，眼见纵横于欧洲各大战场之间，两边获利的事也不少见。普通人或许无法见证将军的荣耀，但他们一定能亲身感受到这些精明商人的存在。正因商业活动在欧洲人的生活中如此普遍且重要，他们才会重视商业与商人的作用。

不过，清朝重商主义的产生可没有那么多的物质财富推动，它从一开始就笼罩在一片愁云惨雾之中。在这种情况下想要发展商业，困难重重，官吏、朝廷、洋人、兵灾，都是阻碍商业发展的严重问题。

就在这个最为艰难的时刻，"商战"的思维诞生了。早期维新思想家郑观应看到了这一点，相比于外国人的坚船利炮，他更担心的是看不见摸不着的经济侵略。"海禁既开，白人竞拓商场于东方大陆。懋迁之所及，即成为势力范围。不费一兵，不遗一镞，即能吸我骨血，握我利权。"①

与看不见的敌人打，当然要难于看得见的对手，而商业上的事情只能用商业解决。"商战"是一个极富远见的提议，它超脱出以往只能硬碰硬的想法，是一种决出胜负更为隐晦的方式。

维新派们敢于提出这个概念，当然是对本国的商品有信心的。很多人还记得昔日中国茶叶、丝绸远销海外的盛况，对其没落很是不甘。很多人仍然存着一个让中国商品再度走出国门的美好愿景，而要达到这一目标，一场恶战在所难免。

在这些多有工商业资本主义背景的维新思想家们看来，儒家的那

---

① ［清］时报：《论振兴商务当先兴农业工业》，《东方杂志》1905年第7期。

套"义利观"早已过时了。世人皆爱钱财，有何不可直言呢？他们就毫不避讳地表达要赚钱的想法："天下事事物物无不因财而动，因财而成矣。"[①] 这个世界上做什么事都要花钱，现在国难当头，还扯儒家那些假大空的大道理，简直是误国之举。

维新派从资本主义的角度重新定义了商业，即财富是衡量人之价值的主要标准。但这个价值观让传统的士人很难接受，若天下人都钻到钱眼儿里，那国家民族前途何在？不过，资本的力量远超他们想象，一些嗅觉灵敏的人已经察觉到，商人将会在未来有举足轻重的地位，甚至一些有功名的士人也会投身于工商业的大潮中。

状元企业家张謇

著名的实业家张謇是中国近代工商业发展绕不开的一个人，他曾创造了一个状元从商的传奇。他生于咸丰三年（1853 年），是江苏南通海门人，从小就聪慧异常，16 岁就考中秀才。但是，之后的张謇整整蹉跎了 20 年仍未有所建树，最后他通过淮军统领吴长庆的关系搭上了袁世凯这条大船。光绪八年（1882 年），日本借朝鲜"壬午兵变"的机会入侵朝鲜，张謇随军入朝，写了一批诸如《条陈朝鲜事宜疏》之类的政论文章，结果受到了赏识，最终在翁同龢的推荐下步入朝堂。

张謇初入政坛，就被卷入激烈的帝后党争。他怀着一颗忠君爱国之心，痛陈慈禧乱政之举，希望为羸弱的光绪皇帝争取实权。但张謇并不喜欢炙手可热的康有为、梁启超两人，对他们的维新变法之说亦是嗤

---

① 〔清〕何启、胡礼垣著，郑大华点校：《新政真诠》，辽宁人民出版社 1994 年版，第 456 页。

之以鼻。传统的儒家教育与忠君观念早已在张謇的内心深处牢牢扎下了根，任何想要削弱皇权的尝试在他看来都是大逆不道的。此后，张謇退出军队，开始诗书应试。最后，他终于在光绪二十年（1894 年）高中状元。

在这里，我们要说的不是张謇中状元后的朝堂之事，而是对工商业的重视。光绪二十一年（1895 年），张謇在张之洞的委派下于江苏南通建立大生纱厂，开启了他"实业救国"的第一步。另一位状元陆润庠也紧跟在张謇后面，于苏州创立苏纶纱厂，江南江北两大状元几乎同时"下海"，迅速引爆了文坛舆论。时人或斥其没有风骨，或赞叹两人之胆识勇气非凡，居然罔顾天下人的目光，毅然投身商业，却没一个人想到他们只是恰好顺应时势而已。

有了这两位状元的先例，一大批士人终于可以抛弃固有成见，投身商海之中。财富汇聚的江南之地尤为突出，通过科举考试走出来的大商贾成为当地商会的主力军。

光绪二十五年（1899 年），张謇的大生纱厂建成投产。建厂之初，他立刻便遇到资金不足的问题。在他打退堂鼓之时，纱厂董事沈敬夫建议他破釜沉舟，用卖出的产品换资金，结果一举成功。投产的第二年，大生纱厂便获纯利 5 万两白银。此后数年，张謇在两江总督刘坤一的支持下，兴办了垦牧公司、油厂、面粉厂、冶金厂等数十家企业，实为中国近代第一实业家。

在历史的十字路口，商人与士绅间的界限从未如此模糊。当士绅们在迫不得已的情况下，第一次打破身份的藩篱，小心翼翼地向未知领域迈出双脚时，看到的是一个与以往截然不同的世界。"绅商"这个新概念名词产生的同时，原有的士绅阶层也迎来了天翻地覆的变化。

但变化的过程并不是一帆风顺，绅商一只脚跨入商界，另一只脚却仍然驻足于旧有的行事规则当中。步调的不一致让很多人的精神倍受煎熬，他们不知道如何向他人介绍自己的身份，也不知道怎样清楚地找到自身定位，很多人感到迷茫无措。

在这么多商人中，张謇无疑是一个优秀典范。他从小受儒家教育，有道德之追求，有士人之坚守，其中"不言商""不慕富贵"本来是文人的基本道德准则之一，张謇却反其道而行。因为张謇清楚地认识到，实业为一国崛起之根本，不兴实业谈何与外国商人竞争？抱着这个态度，张謇毅然舍弃虚名，投身于实业救国的浪潮中，并成为一代实业家。正是他的"实业救国"思想，为近代中国经济发展打开了一条光明之路。

深入政治的商人阶层

晚清时期，人们每每高谈阔论，必言及商业。更有人大呼："国势之强弱，系于民智；而国计之纾绌，实系乎商务。"好像不发展商业，国家就必然陷入贫弱交加之境地。商业被放置于如此重要的地位，令商人的底气也足了，信心也强了，但一份沉重的责任感与使命感也开始压在心头，为此他们决心大声呼喊出属于自己的声音。

在晚清政治生态中，尤其引人注意的是官商的崛起。绅商与官商毕竟有所不同，绅商是有绅士背景的商人，而官商自然就是有官方背景的商人，两者看似相近，差别却非同一般。官商中的典型代表就是大名鼎鼎的红顶商人。

所谓官商，尤以做官为第一要务，而做官之首在于做人，盛宣怀与胡雪岩都深谙此中道理。作为晚清名声最大的两位官商，两人的事迹被后人反复研究，试图从中找出一些成功的秘诀。"既似官又似商，由似官而为官"，在经商与做官之中，他们找到了一个最好的平衡点。

盛宣怀为李鸿章看重，进入轮船招商局后，仅担任会办一职。他并没有唐廷枢和徐润那样雄厚的财力，但他与李鸿章关系深厚，说是心腹也不为过，招商局里但凡与官字挂钩的业务，都须盛宣怀前来办理。而这，便是官商的最高境界。

兴建商会

如果问对外国经济侵略最敏感的阶层是哪个，那自然非工商业者莫属。甲午战争之前，人们还没意识到外国经济侵略的严重性，所以商贸企业尤为稀少，且资本薄弱，主要还是以官督企业和官督商办企业为主。甲午战争之后，民间突然兴起一股"设厂自救"的浪潮，各种新设工矿企业如雨后春笋般出现，展现出前所未有的强大生命力。据统计，1895—1900年新开设的工矿企业中，有83.3%属于商办。[1]这一举动，一下子扭转了洋务运动以来官办企业与官督商办企业占据主导地位的局面。与之相伴的是一大批新兴民族资本家的出现，他们信心十足，不满足于传统的小作坊模式，热情地投身工业化生产，以往人们心目中的"洋火洋烟"也不再是外国企业的专属。

可是，随着外国经济侵略程度的日益加重，工商业者的利益受到了更大损害。他们发现虽然自己有同乡者组成的会馆和同业者组成的公所，可一个困于地域之限，一个受制于行业之别，都不能发

---

① 杜询诚：《民族资本主义与旧中国政府（1840—1937）》，上海社会科学院出版社1991年版，第33页。

挥真正作用。这么多地域不同、籍贯不同、财力也各不相同的商人为了争夺市场，大打出手的事也屡见不鲜。既然单打独斗无法与实力雄厚的西方资本抗衡，那么就只能集众人之力以求自保，所以商人们建立了自己的组织——商会。商会的宗旨是"联络群情，开通民智，提倡激励与兴利除弊，并调息各业纷争"[①]，希望以此平息矛盾，一致对外。

自古以来，各行各业的手工业者为了保护自身的利益，都会组成某个特定的团体，不管是公馆、会馆、会所、同业公会还是同乡公馆，其实性质都差不多。作为维护行业内部利益的组织，它们并非总是起到有利的作用，甚至由于内部操作者的僵化古板，有时还会成为工商业发展的绊脚石。

以往社会的弊端，正是商会产生的契机。从"会馆"到"商会"，别看只是一个字的变动，其实却有不小区别。会馆的产生背后是无数背井离乡的商人，他们为了谋生，不得不长途跋涉，外出经商。如果打算在一个商业繁盛的地区长久经营，还必须要与当地行业龙头搞好关系。如此烦琐倒不如建立个会馆，既方便沟通信息，同乡、族人来了也有地方落脚休息，所以以地名或行业名为招牌的会馆就这样纷纷出现。会馆是个多功能服务场所，某一省份的人初来乍到遇到什么困难，第一反应就是找本家会馆。

而商会则与之不同。与以往的旧式商业组织比起来，它没有那么高的入会门槛，也没有严格限制地域与行业，在本地经商的商人只要交少许会费即可入会，涵盖范围要比其他行会组织更广。仅仅吸纳会员还不够，它还有严格的规章制度。但凡组织机构健全的商会，都有繁杂而细

---

① 《广东总商会简明章程》，《东方杂志》1905 年第 1 期。

致的条款，上至总理、协理，下至庶务，均有章法可循。他们还学习西方民主模式，以选举之法层层选出各级代表，各种决议均需通过投票表决，主事者还要接受普通会员的监督。此时的清王朝连要不要立宪都没有定论，而商会已得风气之先，率先将西方政治制度移植到商会的运作之中。

相对于很多靠行政力量结合于一体的团体，这些单靠利益结合起来的组织，有时反倒更有凝聚力。因为他们可以通过合作来获得更好的收益，这是双赢的选择。

商会最重要的职责就是"联络群情"，成为商人共同维护商业发展和繁荣、保护自身利益的地方。从"利己"到"利他"，商会的社会价值逐渐变得不可或缺，也受到政府的支持，再加上维新派的推波助澜。于是营造出这样一种舆论氛围，把设立商会当作振兴商务的必要条件。商务局作为一个管理工商业的准官方机构开始悄然发挥作用，光绪二十八年（1902 年），仿照日本商会所设立的上海商业会议公所成为近代第一个商会。

盛宣怀对上海商业会议公所的成立花了很多心思，希望它能成为"痛除官场习气，随时随事集各商切实考究利弊"的存在，其主事者基本全是当地有名的绅商。随着财力越来越雄厚，商人们已经不愿局限在同业或者同乡的圈子里，他们试图组成一个更为广泛的商业组织。

此时，美国的洛克菲勒与摩根等大财团已经成长为体积庞大的巨兽。与这些大财团相比，商会必须集合力量成为规模更大的商业体才能与之抗衡，所以以跨区域的联合就成为不得已的举措。

在清朝的最后一年即 1911 年，各省商人开始考虑达成实质联合的可能性。三月份，四川商人在成都成立四川商会联合会。六月份，江苏商人也成立了苏属商会联合会。在省的基础上，商人们还曾谋求全国的联合，不过直到中华民国成立之后，中华全国商会联合会才在北京建立。

设立规章

光绪二十八年（1902 年），庆亲王奕劻长子载振奉命出使英国参加英王爱德华七世的加冕典礼，同时也到法、比、美、日四国考察了一圈。他亲见了强大的工业文明的真实一面，大开眼界。而究其原因，这背后都离不开发达的商业资本。

在访英之时，使团众人无意间查探到英国富强的"秘诀"，简单地说就是——"管得少"，国家只有保护之责，没有过多干涉的道理，所以商业才能繁盛。"至于自然之旨，尤为商务第一要结。盖官之于商，概任保护之责，百商税面外，凡一切贸迁生计，皆听民所自谋，无有用压力以摧折而窳庸之者。此商战之所以辄胜也。"[①]

载振感觉自己打开了新世界的大门：原来清朝之所以商业不振，贸易不盛，就是朝廷管得太多太杂。所以载振回国后，立马提出设立商部的请求，并希望以此能"恤商情、振商务、保商权"。恰好此时的朝廷也正缺通晓商律的人才，当发现游历各国的载振恰是一个很好的选择时，清政府就委任他做新成立的商部的尚书，任伍廷芳、陈壁为左右侍郎，另外还网罗一大批绅商参与其中。虽然名为"商部"，其实农、工、商类都能管，算是中国近代第一个与国际接轨的商业管理机构。

当然，设个政府部门还不够，还要有配套的制度。那时的中国有

---

① ［清］载振：《英轺日记》第六卷，上海文明书局 1903 年版，第 16 页。

各种的法律，唯独缺少一部商法。在过去，只有老字号的商号，才有详尽完备的内部管理体系。所以出台一部完备的商法，让商人明白能做什么、不能做什么尤为重要，于是《商律》《公司律》《商人通例》《铁路简明章程》《矿务暂行章程》《商会简明章程》等一大批工商业法律法规顺势推出。

光绪三十年（1904年），清政府正式拿出《商会简明章程》，正式承认这类商人组织的合法性质。有了合法的背景，兴办商会的热情瞬间被激发出来，各地都冒出了一大批商会。这些商会成为绅商发表自己政治意见、提高自己政治影响力的重要台阶。

即使有法律做保障，商人们还是不敢大胆投资。刚刚成立的商部面临着无人配合的窘境。清政府知道，必须立即想办法尽量调动商人的积极性。当然最直接的办法莫过于撒钱，可清政府拿不出这么多钱，只好再度祭出"封爵大法"。商部拿出一份《奖励华商公司章程》，规定每个出资商人都可以按照出资额度，获得各种荣誉称号甚至爵位，比如投资2000万两白银就能拿到一等子爵。这一举动也向外界释放出一个强烈的信号，商人地位低贱的时代一去不复返了！

买办的出现

随着中国人与洋人经济联系的日益密切，一些专为外国人服务的中国人逐渐登上历史舞台，这就是我们既熟悉又陌生的"买办"。

鸦片战争前，买办只是为外商提供必要服务，相当于清政府官方聘请的工作人员。当时，清政府对这些外国人严防死守，如道光十五年（1835年）的《防范夷人章程》中就明确规定所有工作人员都需经过买办代雇，洋人不能出面。这些都要通过清政府的关系，往往要打通很多环节。

可自从洋人打开中国国门，买办的身份和地位便发生了巨大转变。西方商人很难跨越千里，在崭新的土地开拓市场，对中国本土知根知底的买办将会起到巨大作用。无论是拓展销售渠道、联络熟识客户，或是进行商品运输等都有巨大优势，所以洋商试图绕过清政府，直接雇佣买办。从中美《望厦条约》之后，买办的雇佣与使用事宜就脱离了清政府的控制，专由洋商自行决定。从此，买办不再是之前只能采买和打杂的角色，转而成为外国人在华经营的代理人。

此时的买办还没有像后来那样臭名昭著。在国外资本的浇灌下，买办阶级在中国，尤其在通商口岸迅速发展壮大起来。既称之为"买办"，自当有"买"与"办"两重任务，一方面是要为外商采买物品，另一方面则要为外商办理各项事务，想方设法把洋货推销出去。他们就相当于一个中间人，既是采买员又是推销员。

对于"买办"这个名字，当时的老百姓并不太习惯，他们按葡萄牙语"comprador"的读音起了个独具特色的中文译名，一般称作"康白度"，从此这个名字就在民间流传开来。

当时，要成为一名合格的买办，能够使用多国语言、熟识东西方民情习俗只是标配，其他如人脉广博、谈判能力高超、有良好心理素质等也是成为一个优良买办所必需的条件。可以想见，在当时的对外口岸中，能够称得上买办的人无疑都是社会中的精英，他们学贯中西，具有敏锐的商业头脑和待人接物的本事，在洋人和官府那里都有牢靠的关系，拥有成为一名优秀商业大亨所必备的条件。

萌生于买办的爱国商人

事实上，很多买办也的确在晚清复杂的商业环境中闯出一片天地，比如怡和洋行的唐廷枢和宝顺洋行的徐润。当时，不少买办同时具备商绅的身份，因为花大笔银子捐个官衔是当时的流行做法。如唐廷枢捐个了候补府同知的职位，而徐润也是如此从监生一路捐到了郎中，然后他们便顺势参与到官办的洋务企业中。中国第一家民办洋务企业轮船招商局，就是在买办的通力合作下完成的。因唐廷枢与徐润两人出力甚多，将原本 20 万两白银的资本扩增至 100 万两白银，所以得以分别担任总办与会办。

李鸿章之所以要选择唐、徐两人创办轮船招商局，与他们买办的背景是分不开的。先前请来的总办因为没和外国人打过交道，对新式洋务企业的运作模式一头雾水，以致轮船招商局半死不活。而唐、徐两位买办加盟之后，招商局"归商办理"，面貌为之一变。李鸿章对这两位买办出身的商人颇为信任，"银钱俱归调度"。靠着在洋行多年打拼的经验，他们很快召集大批同行商人入股，打开局面并拿下大量订单。唐廷枢因为在轮船招商局的成功，受李鸿章委派开始筹办开平煤矿，此后便官运亨通，一路升至道台；徐润后来成为上海滩知名的房地产大商人，声名显赫。他们的成功之路此后成为众多买办所效仿的典范。

无论戴了多么精英的光环，买办们也有始终摆脱不了的矛盾。他们为洋人的利益服务，而洋人却是以侵略者的角色到来的，为洋人服务并非其本意。即使唐廷枢做到怡和洋行华商领袖的位子，依然是英国老板随时可以开除的员工。在洋行的买办多是如此，无论取得多高的成就，拿到多高的薪水，也无非是一个高级打工者而已。他们一边要承受着邻里同乡的讥讽与嘲笑，一边又要对洋人老板违心地奉承。很多有权势的买办都急于摘掉这顶不光彩的帽子，获得正经的官僚身份。

因为在洋行中看尽了洋人的做派，许多逃离买办身份的商人开始慷慨激昂地宣传发展民族工商业的重要性。技不如人尚在其次，长期受制于人还不自知才是最为可怕的。郑观应就是这么一个人，他出身于书香门第，自小习孔孟之道，可惜应试未能及第，只好弃学从商，到上海找工作。靠着叔父的关系，郑观应顺利进入洋行做起了买办。后来，他花钱捐了个郎中，又转入英国太古轮船公司。由于这重身份，他受到了李鸿章的器重，从而涉足洋务企业，担任上海机器织布局总办和轮船招商局帮办。徐润离开之后，他晋升为招商局总办。

在与洋务派搭线的过程中，郑观应顺利甩掉了买办的帽子。郑观应是一个忧国忧民的人，早在洋行做买办的时候，他目睹英国人在中国的所作所为，不禁"触景生时"，写下《救时揭要》，痛惜家国不幸，大骂英国人的恶行。

面对国家贫弱，无非是以笔为刀，痛述时局之黑暗。于是，《盛世危言》诞生了。这本书基本概述了维新派的各种思想主张，学科技、设议院、办企业……几乎所有措施都是围绕着发展民族工商业这条主线进行的。

对于容闳来说，救国不仅仅是一项事业，还是一份沉甸甸的责任。出身贫苦农家的容闳，是中国第一批出国留学的幼童，幸运地进入耶鲁大学。回国的容闳欲一展所长，将所学完全奉献出来，没想到国内就业市场对这位海归并不热情，并没有太多岗位能吸纳他的才华。在屡次择业受挫之后，他只好选择进入上海宝顺洋行做起买办。

同样是看到了洋行在中国的所作所为，容闳将实现中国近代化作为自己的毕生追求。为了实现理想，他换过多任老板。他曾经考虑过参加太平天国运动，却在实际考察后大失所望。之后又转投曾国藩门下，帮助其建立工厂、培育人才，但他很快又对洋务派不谈立宪的政

治态度感到失望。在美国待了十几年之后，他再次将维新派视为救命
稻草，急切地提出各项救国方案，可惜一腔热血再次在慈禧太后的捕
杀中冷却。

容闳最后的选择是革命派，但他并未看到革命派是否真正实践了
他的理想，于 1912 年 4 月 21 日便溘然长逝了。他并不是一个传统意
义上的商人，反倒更像一个积极参与实践的社会活动家，买办的经历
或许是一段不光彩的过往，却成就了一个在中国近代史上留下印记的
改革者。

第七章
失败的改革|CHAPTER SEVEN

中国古代的财政，一般遵循"量入为出"的原则。在清代早期，支出的种类与以往的各个封建王朝并无太大区别，大体上只需"循祖宗旧例"维持帝国的正常运转即可。

在清代早期，支出中有一大项就是皇室经费。内务府作为专门负责皇帝饮食起居的大管家，有50多个机构和3000多人，其每日花费可想而知。

除了供养皇室的钱，京城一大批文武官员的俸禄也是一笔大的开支。他们的俸禄由低到高，从30两白银到180两白银不等。除此之外，还有官吏出公差及节日福利等。而且自雍正年间耗羡归公，养廉银的开支也加入其中。据统计，平均每年的俸禄开支都有700万两白银以上。

但这些支出和军费比起来还是小巫见大巫。道光年间，八旗和绿营的兵力总数已达89万人。[①] 要维持这么一支规模庞大的部队，花费也甚为巨大。就算平时不遇战事，单驻防产生的费用就不下2000万两白银。清朝自开国以来，每逢重大战事，开支就直线上升，动辄数千万两白银，经常让朝廷不堪重负。

除了以上这些，治河也是个压力沉重的开支。中国河流众多，水网密集，平时农民指望它们灌溉农田，但它们又随时会化身为吞噬生命的

---

① 罗尔纲：《湘军兵志》，中华书局1984年版，第6页。

凶兽。例如黄河，隔一段时期就会泛滥改道一次。为治水，清政府设立北河、东河和南河三个河道总督进行管理，每年在修筑堤坝、建立水利设施、雇佣民工等事务上要耗资400万两白银。

可以看出在这段时间里，这些支出基本都是对内的，清政府虽偶有为财政发愁的情形，但一般情况下并没有太过担心。但鸦片战争之后，情况发生了逆转。他们遇到的第一个难题就是《南京条约》的赔款问题。

筹建海军

两次鸦片战争让清政府意识到国防要巩固，那军费一定是不能省的。当务之急是要建设一支强大的海军，不管是买也好还是租也罢，军舰必须尽快到位，才能威慑那些觊觎中国领土的列强。

光绪元年（1875年），持续数年的海防塞防之争逐渐有了一个结果，清政府决定建设北洋海军、南洋海军和福建海军。可建设海军花费巨大，资金从何而来呢？清政府设法从粤海、潮州、闽海、浙海、山海五关和台湾的沪尾、打狗两口洋税中提取四成，江海关税中提取二成，200多万两白银；再从江苏、浙江、江西、福建、湖北和广东六省厘金中提取200万两白银，筹得400万两白银，作为建设海军的常年费用。虽然账面上数额是这些，但考虑到缺乏监管等因素，实际到手的往往要打不少折扣。而建设海军的真正大头在于购置舰船和设备，清政府无力自行制造，就只能向外国购买，铁甲舰要上百万两白银，小舰也要几十万两白银，每年光买船就得花上千万两白银。

光绪十一年（1885年），三大海军基本成形。为了统筹全国海军事务，清政府还专门设立了总理海军事务衙门。结果总理海军事务衙门大臣奕譞一上任就遇到了缺钱的问题。恭亲王奕䜣很不满地抱怨道："虽号称 400 万两，合之关税实数不及 300 万两。"[①]海军只能向户部要钱，户部也不堪重负，所以在 1885 年之后，购置舰船的速度明显放缓。到了光绪十七年，朝廷甚至希望 3 年内海军不要购买军械。

在日本人勒紧腰带加速购船的时候，清政府在干些什么呢？我们都知道慈禧太后挪用组建北洋海军的军费修建颐和园，而这也成为晚清政府昏聩无能的一大铁证。但事实恐怕并非如此，挪用海军军费建颐和园之事确实有，不过主事者并非慈禧，而是当时的海军事务衙门大臣醇亲王奕譞。他通过李鸿章借着海军经费的名义从南方筹集 260 万两白银，大部分存在外国银行，再拿利息去修颐和园，顺便连海防捐输也一并要来，增加修建经费。在修建颐和园的 800 万两白银中，有 700 多万两都出自海军衙门经费。

几年之后，一场出乎清政府统治者预料的战争打响了。这场战争始于朝鲜东学党起义的冲突，迅速将远东两大国卷入其中。战争之初，清政府对日本的军事实力没有充分认识，浑然不知这个昔日的小小岛国早已羽翼渐丰，实力今非昔比。明治维新之后的日本国力迅速上升，这些年一直没有停下购置新舰的脚步，至甲午战争爆发前，日本的年均财政收入已不比清政府少多少，而军费支出则远高于清政府。

等到战争开打时才想起来购置军舰的清政府，在战争前面立刻变得手忙脚乱，战争的规模远超其原本估计，脆弱的财政体系无法支撑起这么一笔规模庞大的开支，就只能按照开源节流的老办法筹措经费。光绪

---

① 中国史学会编：《洋务运动》三，上海人民出版社 1954 年版，第 53 页。

二十年（1894年）八月一日两国宣战，户部赶忙于八月十四日拿出"停止工程、核扣俸廉、预缴盐厘、酌提运本"的办法进行应对，总计凑了1000多万两的银子，但仍有不足，实际收到的大概有975万两[1]。最后，清政府又把主意打到商号头上。

这些钱对于耗资巨大的战争来说只是杯水车薪，此时英国汇丰银行再度抛来了橄榄枝。清政府面临此等危局也顾不得那么多了，光绪二十年（1894年），按照年息7%的计划借款1000万两白银。可这还是不敷用度，所以又于光绪二十一年初再度签了一份300万镑（合库平银1865.4万两）的借款合同，年息6%，还款期20年。

军费与赔款

甲午战争中，清政府保守估计花费6000万两白银，其中4000万两白银都是对外借款。[2]战争的失败给了清政府当头一击，巨额的战争赔款与赎辽费让本就脆弱的财政雪上加霜。因此，建设新式陆军的议题立刻被提上日程。军费是一笔巨大的开支，相较于传统军队而言，新式军队的花费更大，对于欠了一屁股债的清政府而言压力巨大。袁世凯在天津编练新军时，不仅武器装备要配最好的，待遇也很高。虽然新军只有7300人，每年花费却达44万两白银。

由于袁世凯的工作取得了不错成效，光绪二十九年（1903年），清政府设立练兵处，计划编练新军三十六镇，特别是袁世凯的北洋六镇，实力最为强悍，花费也最为巨大，估计一镇每年的花费要达到200

---

[1] 李文杰：《息借商款与晚清财政》，《历史研究》2018年第1期。
[2] 萧一山：《清代通史》四，中华书局1985年版，1535页。

万两白银。[①] 这是个相当高昂的支出，要知道此时清政府还欠着大笔的外债，只能勉强挤出一些资金努力维持，所以最后新军也只编成十四镇。新军编练未成，旧式军队又指望不上，就只能以守代攻，被动应付，再加上各项维持边防的花费，军费支出甚至快达到财政支出的三成。

在甲午战争的硝烟散尽之后，洋务派兴建的一大批军工企业也处境尴尬。想要大力新建扩建，奈何财力捉襟见肘；可就这么弃之不顾，又是资源的极大浪费，所以尽力维持现状。而民用企业的处境更加严酷，官府所拨经费仅有军事工业的 1/5，大批企业遭遇前所未有的寒冬，洋务派的计划彻底失败。

仅次于军事支出的开支就是赔款支付。对于清政府每次战败所支付的对外赔款，教科书只给出一个个冰冷的数字。但如果将这些数字与清政府真实的财政情况相结合，我们就会意识到这些数字是多么沉重的负担。

诚然，在近代工业文明所注入的不竭动力作用下，清政府的财政收入有了很大提高，从鸦片战争时的 4000 万两白银到同治年间的 6000 万两白银，再到甲午战争时的 8000 万两白银，光绪二十九年（1903 年）时达到 2 亿两白银，清朝灭亡时已达 3 亿两白银。看起来数字庞大，但相较于清政府所欠的巨额债务而言，仍力有未逮。

尽管甲午战争赔款 2 亿两白银，庚子赔款 4.5 亿两白银，但赔出去天价的银两，利息比本金还高。本金有 6.5 亿两白银而利息足足有 11.4 亿两白银，合计共有 17.9 亿两白银。清政府看似庞大的体量背后，是脆弱的动员能力，哪怕是稍微重大的支出，清政府都只得选择借债度

---

① 彭雨新：《辛亥革命前夕清王朝财政的崩溃》，《辛亥革命 70 周年论文集》，中华书局 1983 年版，第 1308 页。

日。清政府虽曾多次下令"开源节流",可实际上开源愈来愈多,节流却是难见。

为堵上这么大的口子,清政府曾三次大规模发行公债,分别是光绪二十年的息借商款、光绪二十四年的昭信股票和宣统三年的爱国公债,它们分别是为了筹集甲午战争军费、支付对日赔款及镇压辛亥革命。清政府试图效仿近代西方国家发行公债以筹集资金,但实际上老百姓并不买账。一次次的战败和无休止的盘剥,早已将百姓对政府的信任降至冰点。政府有时还会强行要求官民认购,等于是另一种形式的捐输,再加上没有遍及各地的基层金融机构,老百姓买了也难以兑现,种种原因使发行公债收效甚微。

发行公债不利就只能从各国银行手中大举外债。初期还是以短期小额为主,都是地方官员为镇压各地起义而举债。越往后期限越长,金额越大。据估计,自光绪二十年到清朝灭亡的 18 年间,清政府总共借了 12.5 亿两白银的外债,其中一大半都是用来以债养债。偏偏这些钱到手之后还缩水不少,还附加有各项苛刻的条件。

大举外债无异于饮鸩止渴,各地分摊款项节节攀升,使地方更加不愿上缴收入,奏销制度渐渐失去作用,原本的京饷、协饷被以各种理由拖欠,中央与地方财权之争愈演愈烈。清末最后 10 年间,清政府每年要支付本息 1800 万两以上的白银,这为帝国主义借助经济手段控制中国提供了便利。

一些有识之士意识到其危险,大声疾呼不可大举外债。但梁启超认为,单纯抵制并无意义,抵制只是手段,对待外资"必能抵制而后能利用,抵制经也,利用权也"。他同样也清醒地意识到外债是把双刃剑:"外资之性质极为危险,可以不借则不借为妙,当然一国资本未丰时,稍藉外债以润泽之,有时亦收奇效,所视者,其用之途如何耳。若用之于不生产之业，则其害滋重。用之于生产之业，其利亦至薄。"而清政府所借外债主要是用于赔款，用于投资实业的寥寥无几，自然无益于经济。

就这样，打败清政府的是洋人，借清政府钱供其赔款的也是外国银行。勒索赔款与借款让帝国主义者与外国银行家们赚得盆满钵满，唯有中国人民生活越发困苦。

钱都用在了哪里？

清朝前期的财政收支原则是量入为出，财政缺口越来越大，清政府不得不用各种办法增加收入，财政政策变成了量出制入，即根据花多少钱制定收入计划。

以往清政府的几大税项也就是田赋、漕粮、盐课再加一些杂项，并没有太多需要仔细核算的内容。户部关心最多的是各省能不能按时按量送来银两，且不要随便克扣隐瞒漏报。但自从洋人用坚船利炮打开国门之后，海关洞开，在洋人总税务司的打理下，关税收入较以往涨了10倍以上，虽然大部分都要用作偿还外债和赔款，清政府只能拿到其中的一部分"关余"，但数量也比之前要多得多。

再然后，铁路、电讯、邮政、外贸、船政等各种新事物也一个个出现。迅速发展的工业猛烈地冲击了守旧官僚的认知，与之而来的还有一大批前所未闻的收支项目，特别是赔款、外债和外交等项。它们的规模不断增长，挤占了原有的传统项目，在这种情况下不制定新的预算方案显然是不可行的，总不能让各种支出都归到一个篮子里。

制定预算的意图早在甲午战争之前就有人提过，担任日本公使馆参赞和驻美旧金山领事馆总领事的黄遵先曾根据其在国外生活工作情况，写了本《日本国志》，第一次介绍了国外的预算制度。书成之后，黄遵宪满怀一腔热情将其呈递于总理各国事务衙门，但并没激起什么波澜，直到甲午战争结束后，才有人从故纸堆中将它翻出来。

由于此战元气大伤，清政府不得不考虑借鉴国外先进的会计经验，当时欧洲诸国也有自己的会计制度，原则是"预算以为会计之初，有决算以为会计之终"[①]，但不同的是，在已经立宪的国家有议会这一机构作为监督，预算通过要经过议会，决算监督也要通过议会，这样能够大大减少决策的失误。而且不管是征税进项，还是支出取用，都会在本年度向外公布，不能随便超出原有的计划，这样做自然能够取信于民。

日本作为西方预算制度的好学生，也发展出一套自己的流程，即先由中央各省厅按照预定花费制定预算表，然后经大藏省讨论和会计院审议后，最后由内阁正式决定。如有变动再上报大藏省，然后呈送太政官，检察院召开检查会议专门审定，才能正式通过。这些流程虽然烦琐，却能最大限度上实现资金的合理使用。

而此时的清政府还停留在"循祖宗旧例"上，顶多就是把各类收支情况列个表出来。至于体例是否详尽、数据是否准确就不好说了，昭告天下更是遥遥无期，更不必说制定明年预算。现实的情况是，户部不仅搞不清楚应收之款，也弄不明白应支之钱，款项到底花到哪里是本糊涂账，至于审计检查之项更是模糊不清。这既不利于收支，也不利于查证，无形中为腐败的滋生提供了有利条件。

当时就有人说，整个大清帝国宛如一个庞大臃肿的公司。君主为大股东，百姓如小股东，集众人之力一起参股，方才构建起公司的财政基

[①]《光绪政要》第三十二卷《度支部议复御史赵秉麟奏制定预算决算表事宜》。

础。可这个公司的运转实在问题多，财务处（户部）每年撰写的财务报告小股东们全然不知情，大股东又无法辨清其中虚实，一旦深究起来，全是一笔烂账。①

到了 20 世纪，由于时势所迫，眼看着宪政已是不得不行之事，清政府只好筹备起预备立宪。作为议会的一项重要职能，财政预算制度也被提上日程，计划设资政院以司预算，设审计院以掌检查。不过，当时的朝廷似乎对这一制度有所误会，有不少人觉得，虽然名为泰西之法，实际上还是"周官王制遗意"。不过是收支两条线而已，中国自古有之，哪有那么麻烦？显然他们低估了现代预算制度的专业性和复杂性，以为只需列个条目告之民众即可。可现实远非如此，光是一大堆繁杂的账目就已不是寻常人等能够处理的，更别提数据的虚实也需进行细致调查。

一直以来，因为没有有效的监管措施，地方往往会单独从收入中划出一部分用于支出，而这部分实际上并不记录在案，自然也就无从查证。在清代，这种手法可以说是公开的秘密，从地方到中央人人皆知。

因为这些收入并不入内库，户部对各省故意隐匿且不报部的款项称之为"外销"。这些外销由各省自收自支，而且自道光年间之后是呈现出种类越来越多、数额越来越大的趋势。因为太平天国运动涌现出的一大批局所，让地方督抚有了更大的隐匿空间。咸丰、同治之后，外销之款简直一发不可收拾，据户部自己的估计，隐匿的数额可能有上报的数倍之多。

一面是日趋窘迫的财政，另一面是地方的故意瞒报。如此情况，必须要有所行动，于是朝廷专门组织了几次巡查，第一次是光绪二十五年（1899 年），命协办大学士、军机大臣刚毅奉旨南巡江苏和广东，督查外

———
① 《光绪财政通纂》卷五十一《论财政混淆》。

销财政。

刚毅此行的主要目的就是在地方拿到更多钱以弥补财政漏洞，不管是清查也好，加捐也罢，都以达到这个目的为重点。事实上，刚毅还肩负着一重使命，那就是帮助慈禧太后筹集对抗维新派的资金。

刚毅的第一站是江苏。两江总督总管两淮盐政，在大清财政体系里占据重要一席。钦差大臣身负皇命而来，当地官员不敢懈怠，拿出账目籍册交由刚毅过目。这一查果真发现了问题，明明厘金和关税收入一直在增长，但解运至中央的数额却没有变化，显然这里存在着巨大漏洞。

不仅如此，在深入调查盐务、海关、厘卡的运作情况之后，刚毅惊讶地发现侵吞税款的情况非常严重，动辄便是数十万、数百万两白银。数十年积累下来，隐瞒之数不可估量。所以，刚毅让常关负责人、两淮盐运使等财政官员齐聚江宁，一个个仔细查证，并且使出恩威并施的手段，声称自己顶多只抽半数盈余，余者皆发还回去，若不如实禀报，将治其欺君之罪。

钦差只留给他们坦白与抗拒两个选项。朝廷威严尚在，督抚也不想公开对抗中央，权衡利弊之下，都选择了坦白。

但刚毅的意图还不止于此，他还想要清查田赋，把地方官员们的老底翻出来。正如其他王朝末期一样，晚清的土地兼并情况十分严重，大批田产被豪门大户隐匿，田赋也收不上来。所以刚毅打算彻查此事，把那些隐匿土地全都清查出来。

刚毅想要清查田赋的举动吓坏了地方官员，他们很多人本身也是当地最大的地主，一旦彻查必然会损失惨重。偏偏刚毅人如其名，油盐不进，逼得不少人直接绕过巡查组向朝廷举报，声称刚毅在当地品行不端，于地方大肆搜刮民财，要求对其严肃处理。其中，两江总督刘坤一对刚毅在江苏的恣意妄为尤为不满。

　　众人的抗议终究没起到什么作用，刚毅在完成了江苏的任务后，继续南下抵达广东。由于有江苏的成功案例在前，这次广东之行开展得很顺利，两广总督及广东布政使均很配合地拿出了本省账目籍册，供刚毅过目。

　　这次刚毅发现了不少新问题，如大笔厘金只存在于账上而不见实物。由于毗邻香港，广东有大批的活跃外资，到处都是外国银圆，想要隐匿收入更加容易。对于这种情况，刚毅觉得厘金局既然只想着中饱私囊，不认真上报所得，那就由商人代办，于是找了 72 家各行业商人，议定自留与上交比例，让他们承包厘金业务。

　　事实证明，这个办法很有效，这些商人的确表现出了更高的积极性，成功地在短时间内实现了税额翻倍的目标。苏粤两省的事例震慑了南方诸省，浙、赣、鄂、滇等省只好拿出更高的积极性配合朝廷的清查工作，贡献出更多收入。

　　受此激励，光绪三十年（1904 年），朝廷又命兵部左侍郎铁良巡视江苏等南方省份，督查财政事项。他先到上海的江南制造局，从结余中抽得 80 万两白银[①]，然后又到苏州、南京等地检查财政收支情况。

　　毕竟要为自家的练兵处筹钱，铁良以十分认真负责的态度投入清查工作中。在两淮盐政上，铁良更是严厉要求每一笔款项都要"造具册结，送部备查"，各环节都有专人负责，一旦出了纰漏，轻则自掏腰包补足，重则丢官卸职，拿部是问。经过这番大力清查，铁良筹得逾百万两白银，让原本 500 万两白银的盐税直接翻倍。

　　两次巡查下来，地方上隐瞒的收入被挖出不少。但清朝上下都知

──────────

　　① 中国史学会编：《洋务运动》四，上海人民出版社，1961 年版第 162 页。

道，所谓清查，无非只是权宜之计，总不能年复一年、日复一日地派人到各地查账，关键还是要建立有效的制度保障，让所有隐匿收入无可遁形。

清理财政

为了摸清帝国各地的家底，把一盘散沙的财政制度统一到一条轨道上来，光绪二十九年（1903 年），清政府专门设置了财政处负责此事，庆亲王奕劻连同户部一起指导各地财政进行统一，但收效甚微。

光绪三十二年（1906 年），清政府决定力行财政改革。改革的第一步就是把户部改组为度支部。

"度支"之名颇为久远，最早能追溯到魏晋时期，也有"规划开支"之意，很明显寄托了清政府希望厘清财政的美好用意。所以把户部改组为度支部可不单单只是换个牌子，而是赋予其清理全国财政的权力。这一决定的结果，就是从此迈出了中国寻求财政统一的第一步。

一切准备就绪之后，清政府再度启动财政清理。吸取了之前的教训，这次朝廷打算先在各省收集足够的情报，然后再做打算。光绪三十三年（1907 年），宪政编查馆着手在各省设立调查局，调查内容包括但不限于各地财政民政、商业发展、风俗民情等，迈出清理财政的第一步。

正式清查的起点是光绪三十四年（1908 年），那年福建道监察御史赵炳麟上了一道《统一财权整理国政折》[1]，希望财政稽核这一重要任务交由新成立的度支部负责。以后，各级衙门每年想花多少钱，就专门分造概算书及预定经费要求书交由度支部统一办理。

---

①《东华续录》卷二一六，公记书庄 1899 年版，第 12 页。

度支部经过慎重考虑，认为此议确有道理，且时机早已成熟，于是便开始真正着手实施计划。光绪三十四年（1908 年）正式启动，度支部希望由自己设立清理财政处，各省设清理财政局，先把本年度的收支情况搞清楚，然后再准备一套《清理财政章程》为其保驾护航。这本《章程》虽然只有八章三十五条，却涵盖了组织形式、机构设置、具体职能和清理办法等诸多内容，而且因为其体例完备、可操作性强，成为清理财政的纲领，直到民国时期的财政清理仍然沿用着这套办法。

当然，清理财政不是一蹴而就的事，前期的规划准备尤其需要细致。为此，清理财政处要求各省清理财政局按季和按年报送报告册，包括预算和决算内容，最后汇总起来制定《财政说明书》总揽全局。《说明书》的重要性不言而喻，能不能交出一份像样的答卷，关系到整场清理运动的成败，度支部也是打起十分的精神，认真筹划起来。这项工程于光绪三十五年（1909 年）开始，度支部要统计各省在上年度的报告，再于次年拿出最终的《财政说明书》。

此次名为清理财政，实则摸清各省底细，此次清查的重点在于各省自筹自支的"外销"款项。除此以外，很多原本不列入常例的项目现在也要进行统计，比如其他杂捐、报效等收入，还有赈灾、维护之类的支出等。

光绪三十四年（1908 年），财政收支表完成之后，朝廷终于能一览各省的真实收支情况。但他们也发现，统计结果有很多都是按他们自己的标准来的，没有换算成规定的库平银。总体来说，各省基本都是支出略高于收入，换算之后本年度亏空 1225 万两白银。[①]

从财政收支表上看，除直隶之外，江、浙、粤等开放港口的省份收

①《清末民国财政史料辑刊》第一册，北京图书馆出版社 2007 年版，第 165—171 页。

入都远超内陆，其中关税的贡献力度最大，经济重心转向东南的趋势已很难扭转。朝廷在这次清查中所获颇丰，不仅根据实际调查情况，提升了各省上报数据的可靠性，而且还查出大批之前的隐瞒款项。

朝廷的下一个目标指向拖延了几十年的局所问题。这些设立自太平天国时期的老旧机构养了一大批闲杂人等，严重消耗了国家财政。数十年来，朝廷屡次欲解决而不得，现在正好可以借此机会永绝后患。朝廷决心以强力推动各省建立藩所作为省级统一财政机构，彻底摒弃以往繁杂臃肿的各类局所，对于这一决议，各省督抚纷纷上书表示肯定，甚至有的还拿出了实际方案。

不过真等实施起来就发现，要裁撤局所远非想象的那么容易。

由于各省水平各有高低，最后交出的答卷也是千差万别。大多连名字都没统一，有的叫"财政公所"，有的叫"藩司衙门""度支公所"之类，上级机构光见这些名字就难以分辨，一不留神搞混也属正常。而且有的省份干脆不管这些麻烦事，把旧的机构直接换个招牌，嵌套到新设机构之中，表面看有所改变，实则里面还是原来的那一套。

可财政改革之后，必须考虑分科治事，比如吏治科、财务科等，即按照近代化的方式进行分工协作。

有的省照葫芦画瓢，看起来是那么回事，但更多的是不明就里，直接把旧式六房机构一股脑地塞到新设科室内。最多就是改换个招牌，连老属吏都没落下，造就出一个组织混乱不清的"四不像"。

度支部在这场改革中扮演的角色也不甚光彩。或许真的是被年年积攒的债务与亏空逼到无可奈何，所以度支部对各省的最大要求就是"删减靡费为第一要义"，说白了就是要省钱，所有新设机构花费必须要少于先前。但凡有所超支就会招来度支部的一通指责，比如陕西省就招到了"如但改立名目，而其所支款项并无节省，恐于整顿办法仍无实际"的评价。不过关于如何节省经费，度支部并没为大家拿出有效的方案。

有的地方打算裁撤旧吏以节省经费，比如书吏。

这种场面在湘、鄂、苏等省都有出现，足以说明度支部的想法很不切实际，至少没有充分考虑到善后的问题。而更为危险的是，整个省级财政体系的构架也如同建立在空中楼阁上，摇摇欲坠。其中，藩司虽然名义上总管一省之财政，但实际上底下的各个局所并未裁撤干净，他们继续敛财，盐税、粮税乃至关税也不是尽缴到藩司，甚至有的州县直接越过本省，到度支部去解运银两。

在度支部自己看来，各省藩司统一了财权，可以说是功不可没，可实际情况又是怎样的呢？只有一堆分不清权责的科室、一批尚待学习的新进职员、一群放任自流的各地局所。此外，还有度支部与督抚的激烈对峙，一方要借其控制省财政，另一方则竭尽全力保证其处于自己控制之下。整个藩司成为中央与地方激烈斗争的地方，这么一来，根本无从开展正常工作。

宪政编查馆也决心做出一番成绩，准备了一个"九年计划"。该计划从筹备谘议局、召开资政院，再到调查土地户籍、人口财政等，规划不可谓不细致，考虑不可谓不长远，可唯独没有想到的是短短三年之后，大清帝国就分崩离析了。

不过，这一规划也不是完全做了无用功。宣统二年（1910年）9月，立宪派苦苦期待的资政院正式成立。这个部门主要掌握议决国家财政预算的大权，以后预决算案再做增减，就要经过资政院核准才能通行。10月3日召开第一次会议时，摄政王载沣亲临现场致开幕词。民选议员代表们踌躇满志，他们多是各地有名望的士绅，计划以此为基地，实现自己的政治理想，做出一番宏伟事业。

而钦定议员代表则冷眼相对，因为他们清楚地知道，所谓资政院，不过是皇室为装点门楣所精心设计出的一个"玩意"。不光资政院总裁出自钦定，就算要议决什么事项也要具奏请旨，如被否决就不可颁行，哪里有多少自主性？与其他君主立宪国家相比，这个准议会机构根本很难发挥它应有的作用。

瓦解

宣统三年（1911 年），清政府拟定《预算册式及例言》，规定预算以整年为计，先列岁入，再列岁出，各分"经常""临时"两项，下设门、类、款、项、子目。在新编制的预算案中，明确提出"必以收支为恒"的预算原则，并进一步要求"当和全国为一统系"和"暂分国家岁入、地方岁入"的要求，试图划分权责明确的中央和地方税，建立现代财政预算体系。虽然未待实施，清王朝即轰然倒塌，但也算是初步开创和奠定了中国近代之后的预算框架体系。

同样是在这一年，制定全国预算的措施终于走上正轨。在京与在外的各级衙门应按季与按月把岁入预算报告册呈递上来，度支部收集之后再编定全国岁入总预算案，其他负责花钱的各部衙门分别拿出自己的岁出预算报告册，最后汇总交由内阁会议政务处审议，由资政院议决。而地方的预算案较为简单，只要得到度支部的许可，即可由各省谘议局自行议决。

虽然仍有很多不足，但多少是有了大概的样子，各省也是比较认可这一划分方式。所以虽是自行奏报，但大家的预算表都是一个样式，先写岁入总数，再写核增核减事项，最后列具体款项和数额，为中央的预算编制提供了重要依据。

这时，对"地方税"这一概念的确定让中央的官员们犯了难。从字面意义上来看，"中央税"与"地方税"的区别很明显，一个专由朝廷筹集并使用，另一个就只用于地方建设，两者泾渭分明。可问题在于，在清政府看来，普天之下莫非王土，并没有对两者做出明确的划分，各地方督抚一般都会把每年收入起运一部分到中央，再留存一部分给自己，这样地方所得仅仅是朝廷的留存，算不得真正的地方税。

这个问题集中表现在省一级的财政上。按照清政府的规矩，这些沿袭自元代的行省分别由总督和巡抚督理。

这一点与欧洲乃至世界很多国家都不相同。按照欧洲国家的形成路径，国王也如同大诸侯一般，并无多大权力。所以国王的旨意，往往还需要得到诸侯们的一致同意才能成行。

鉴于欧洲国家的这种现实情况，划分中央税与地方税就变得尤为重要。以法定的形式规定不同成员的分成比例，以尽量和平的方式（即议会制）调节内部争端，是最有利于维持动态平衡的办法。

可中国是大一统的封建王朝，财政由中央统一调拨使用是一个不争的事实。

在这种情况下，划分地方税的提议就显得尤为尴尬。府厅州县乡镇倒还好说，所需资金不算繁杂，但省一级的财政就不同了。在中国，任何一个单独的省拉出来都不亚于欧洲一个国家的体量，随便哪个省出问题都是影响国家命运的大事，朝廷可不想把身家性命都寄托在各省督抚身上。

于是，按照习惯思维，把"省"作为中央权力的延伸，省税自然也就排除出地方税以外。但这就引发出一个巨大问题，府、厅、州、县到底该把钱交给谁？总不能全都"起运"到户部，因为哪怕是增加多少人手也忙不过来。所以省财政作为沟通中央与地方的关键一级，终究是不可或缺。更重要的是，尝到自己管理钱包甜头的督抚们可不想让中央再插手进来，当然是划成地方税更符合自己利益。

因此，各省的清理财政局力主将"省"作为地方最高一级，以下各级收入都能汇总至省内，留足自己部分，再逐步向上"起运"，从此就能免除进京"乞讨"的尴尬。可这么一来，刚成立的度支部就不乐意了，这不是明摆着挖自家的墙脚吗？他们认为主要税收均应收归中央，地方有需要再予以拨付，没必要再单划省级多此一举。

度支部不愿如此，但又无法给出一个合适的条例要求。所以，双方的纠葛横贯晚清的最后几年。虽然时间的指针已经拨到了1911年，大家的激烈争执终究还是没有一个结果。

自始至终，清政府都没有动员起全部力量，真正完成变法革新。其根源就在于封建体制的落后与僵化，已不适用于现代国家的发展。在这样的封建体制内，必然不可能作出实质性的改革。面对传统的高度集权的财政管理体制处于瓦解的同时，新的财政管理体制又未能形成所造成的窘境，清朝统治者没有意识到近代经济的发展已离不开人民信心的树立，对于已被人民抛弃的清帝国来说，任何努力都是徒劳的。

天下大势，浩浩汤汤，顺之者昌，逆之者亡。武昌一声枪响，臃肿的清王朝霎时土崩瓦解，只留给后人无限唏嘘。